LEO HELLER

# SCHÖNER STERBEN IN BEMBEL TOWN

# Leo Heller

# Schöner Sterben in Bembel Town

Kriminalroman

GMEINER SPANNUNG

Immer informiert

Spannung pur – mit unserem Newsletter informieren wir Sie regelmäßig über Wissenswertes aus unserer Bücherwelt.

Gefällt mir!

Facebook: @Gmeiner.Verlag
Instagram: @gmeinerverlag
Twitter: @GmeinerVerlag

MIX
Papier aus verantwortungsvollen Quellen
FSC® C014496

Besuchen Sie uns im Internet:
www.gmeiner-verlag.de


Im Ehnried 5, 88605 Meßkirch
Telefon 07575/2095-0
info@gmeiner-verlag.de

1. Auflage 2019

Lektorat: Sven Lang
Herstellung: Mirjam Hecht
Umschlaggestaltung: U.O.R.G. Lutz Eberle, Stuttgart
unter Verwendung der Fotos von: © Leszek Czerwonka / stock.adobe.com
und © pfrang117 / stock.adobe.com
und © Samiran Sarkar / shutterstock.com
Druck: GGP Media GmbH, Pößneck
Printed in Germany
ISBN 978-3-8392-2489-2

Weder die Personen noch die Ereignisse, die ich beschreibe, sind erfunden. Vielmehr hat sich die ganze Chose in den drei heißen Hochsommerwochen im Jahr 2013 in und um Frankfurt genau so abgespielt, wie ich es hier aufgeschrieben habe. Etwas dazuzuerfinden ist auch nicht nötig gewesen. Denn das Leben selbst denkt sich bekanntlich die besten Geschichten aus.

# INHALT

# ERST MAL ZWEI SCHÖNE LEICHEN

Ein scharfer Knall zerreißt den Morgen und zittert an den Backsteinwänden der alten Fabrik entlang. Die da draußen halten augenblicklich ihren Schnabel. Keiner wagt, auch nur den geringsten Krach zu schlagen in dem von alten Lagerhallen und heruntergekommenen Wohngebäuden umbauten Hinterhof im Frankfurter Gutleutviertel, aus dem alle guten Leute schon vor langer Zeit weggezogen sind.

Ich werfe die zerplatzte Brötchentüte aus dem Fenster und mich selbst zurück in meine Kiste. Ich versuche wieder einzuschlafen. Mein Ausflug ins Frankfurter Bahnhofsviertel ist wieder mal aus dem Ruder gelaufen. Und heute Morgen wandern Erinnerungen an die letzte Nacht als kotzgrüne Nachbilder auf der Innenseite meiner aufgerauten Hirnschale umher. Grell und verzerrt wie die Spiegelungen der Bumslokal-Leuchtreklamen auf dem nassem Asphalt. Gesprächsfetzen rotieren an der Zimmerdecke und fallen mir aufs Gesicht wie aufgeweichte Bierflaschen-Etiketten. Mir ist übel. »Morgens um sieben ist die Welt noch in Ordnung.« So heißt es doch irgendwo, wenn ich mich nicht irre. Vielleicht für jemanden, der um zehn Uhr abends mit einem Becher Pfefferminztee ins Bett geht.

Die Nachbilder auf meiner Schädelinnenwand verblassen. Ich sinke zurück in einen halb wachen Zustand. Das Telefon klingelt. Ich lasse es klingeln und warte darauf, dass der Anrufer aufgibt. Ich widme mich so lange dem Kotz-Kaleidoskop an der Zimmerdecke. Das Telefon beruhigt sich. Einen Moment lang herrscht Stille. Dann setzt draußen einer der zirpenden Zauser zaghaft sein Zwitschern an diesem Samstagmorgen fort. Mein Telefon antwortet ihm.

Das Display zeigt an, dass es kurz vor halb sieben ist. Unglaubliche sechs Uhr dreißig an einem Samstag! Stinksauer schnauze ich meinen Namen in den Sprechapparat.

»Spreche ich mit der Detektei McBride?«, flötet die Stimme einer Frau zurück, circa zweiunddreißig Jahre alt, blond, Akademikerin, ein Meter vierundsiebzig groß, Körbchengröße fünfundsiebzig B und mit einer Fehlstellung im unteren Lendenwirbelbereich.

»Mit wem sonst, wenn Sie meine Nummer gewählt haben? Hören Sie, was auch immer in Sie gefahren ist …«

»Mister McBride, bitte, ich weiß, es ist vielleicht noch etwas früh. Es tut mir wirklich leid, aber ich brauche Ihre Hilfe.«

»Vielleicht noch etwas früh? Rufen Sie während der Bürozeiten an, dienstags bis freitags von zehn bis achtzehn Uhr, montags geschlossen, und jetzt Gute Nacht.«

»Mister McBride, entschuldigen Sie, ich habe mich noch gar nicht vorgestellt, hier spricht Ellen von Unschwer.«

»Na und?«

»Ihr Büro ist mir persönlich empfohlen worden. Die Sache ist mir sehr, sehr wichtig. Ich fühle mich bedroht.«

»Wenden Sie sich an die Polizei, die …«

»Mister McBride, sind fünfhundert Euro Tagesgage angemessen? Ohne Ihre Spesen selbstverständlich. Gerne als Wochenvorschuss.«

Ich brauche heute Morgen für alles etwas länger. Volle drei Sekunden hänge ich sprachlos in der Leitung. Die Anruferin schweigt ebenfalls. Madame beliebt zu pokern. Mir flitzen die fünfhundert Euro Tagesgage und das Wort »Wochenvorschuss« wie ein Vollgummiball im Kopf rum.

»Kommen Sie bitte sofort zum Eisernen Steg auf die Sachsenhäuser Seite«, übernimmt die unbekannte Pokerqueen die Initiative.

»Frau von Unschwer, bevor ich irgendwo hinkomme, muss ich wissen, von wem oder was Sie sich bedroht fühlen und was ich damit zu tun habe.« Am anderen Ende der Leitung tönt Rauschen. Ellen hat aufgelegt.

Schön. Ein seriöser Auftrag beginnt anders. Aber selbst wenn sich das Ganze als Fake herausstellen sollte: Ich kann's mir nicht leisten, die Chance auf einen so fetten Job durch die Lappen gehen zu lassen. Dann wird das eben mein erster Arbeitstag, den ich seit meiner Kündigung vom Polizeidienst um eine so frühe Uhrzeit antrete. Eine kalte Dusche und ein heißer Maxwell-Instant-Kaffee bringen mich in weniger als fünf Minuten an den Start. Ich stürme die ausgelatschte Treppe der alten Gummistiefelfabrik hinunter zum Parkplatz in meinen Opel GT. Fünfhundert Euro Tagesgage plus Spesen plus Blondine in Nöten – here I come!

Zehn Minuten später stehe ich am Eisernen Steg und schaue mich nach meiner Auftraggeberin um. Aber hier ist keine blonde Lady mit einem Bündel grüner Scheine. Nichts und niemand ist hier. Außer einem Mann mit seinem Hund, der in einiger Entfernung gemütlich in der Morgensonne auf einer Bank sitzt und lange Schatten auf den Kies wirft. Unten am Mainuferweg zockelt ein knallorangefarbenes Vehikel unserer ruhmreichen Frankfurter Kehr- und Müllbeseitigungstruppe den Gehweg entlang. Ich warte eine Zigarettenlänge lang am Treppenaufgang zum Eisernen Steg. Dann entscheide ich mich, den Mann auf der Parkbank, der mit in den Nacken gelegtem Kopf die Sonnenstrahlen genießt, zu fragen, ob er eine junge Frau gesehen hat. Der Kies der Uferpromenade knirscht unter den Absätzen meiner Cowboystiefel. Der Typ im piekfeinen Burberry-Mantel scheint mich nicht zu bemerken. Auch sein Köter ignoriert mich. Ich will den Mann gerade ansprechen, als ich sehe, warum die beiden Kollegen so völlig die Ruhe weghaben: Herr und Hund ziert exakt in der

Mitte ihrer Stirn ein Ein-Cent-großes Loch. Ein rotes Rinnsal kriecht über die Wange des Mannes und versickert unter seinem Mantelkragen.

Wer auch immer die beiden gelochstanzt hat, hat Sinn fürs Dekorative. Und kann mit einer Kanone umgehen. Dem Durchmesser der Einschusslöcher nach zu urteilen, handelt es sich bei der Schusswaffe um eine großkalibrige 44er. Nichts deutet auf Gegenwehr oder auf eine überraschte Reaktion hin. Kombiniere haarscharf: Herr und Hund haben ihren Killer gekannt.

Das Vernünftigste ist, aus diesem Job auszusteigen, bevor ich ihn überhaupt angetreten habe. Es kann kein Zufall sein, dass Hund und Herrchen tot am Eisernen Steg in der Morgensonne sitzen, nachdem Frau von Unschwer mich ausgerechnet hierherbestellt hat. Die Sache stinkt zum Himmel, aber gewaltig! Gerade als ich die Polizei anrufen will, kracht der King mit »You Ain't Nothing But A Hound Dog« in meiner Hosentasche los. Der Klingelton des unsterblichen King of Rock 'n' Roll auf meinem Smartphone erscheint mir an dieser Stelle wie ein mystischer Querverweis zu dem niedergestreckten Vierbeiner. Kann so was Zufall sein? Wohl kaum.

»Haben Sie ihn gefunden?«, will meine Auftraggeberin wissen.

»Sind Sie von allen guten Geistern verlassen? Ich rufe jetzt die Polizei. Wenn Sie glauben, ich lasse mich in einen Mordfall reinziehen, irren Sie sich. Wiederhören.«

»Warten Sie!«, schreit Frau von Unschwer in ihr

Handy. »Warten Sie bitte, Mister McBride, nur ein klitzekleines Augenblickchen. Er ist tot, nicht wahr? Bitte, glauben Sie mir, ich habe damit nichts zu tun.«

Noch zögere ich, das Gespräch zu beenden. Die Verzweiflung der steilen Aristokratin macht mich ein gut Stück weit betroffen – circa einen halben Meter weit. Ihre weibliche Hilflosigkeit verfängt hier durchaus. Normalerweise verfängt ja immer nirgendwo nichts. Hier aber ausnahmsweise doch.

»Ich habe Johannes geliebt, ich hätte ihm nie etwas antun können. Ich weiß nicht, wer das getan hat, ich …« Die Frau bricht in Tränen aus.

»Beruhigen Sie sich, Frau von Unschwer. Ich denke, das ist ein Fall für die Polizei.«

»Bitte sagen Sie Ellen zu mir. Können Sie nicht einfach alles so lassen, wie es ist? Es hat Sie doch noch niemand gesehen. Bitte fahren Sie zurück in Ihr Büro. Ich werde Ihnen alles erklären. Sie erhalten Ihr Honorar für eine Woche im Voraus. Ich brauche Sie jetzt, ich habe doch sonst niemanden …«

Ab hier ertrinken Ellens Worte in einer Flut von herzzerreißenden Schluchzern. Das und die Aussicht auf fünfhundert Euro Tagesgage lassen mich die beiden Worte sprechen, durch die ich in diesem mörderischen Sommer zum Lover, Lügner und beinahe zur Leiche werden sollte: »Okay, Ellen!«

Satt röhrt der Motor meines Opel GT Baujahr 1972 auf, als mein blecherner Freund und ich durch die Häuserschluchten des Frankfurter Bankenviertels hauteng über der Asphaltdecke zurück Richtung Gummistiefelfabrik gleiten. Selbst in dieser Situation kann ich nicht anders, als die vollkommene Ästhetik dieses Jahrhundertwerks aus der Rüsselsheimer Fahrzeugschmiede zu loben. Nichts kann einen Mann glücklicher machen als eine kühle Flasche Binding Export am Feierabend, ein Sieg der Eintracht gegen Bayern, ein ohne Grillanzünder entzündetes Grillfeuer und der Sound eines Opel GT Baujahr 1972. Und zwar genau in dieser Reihenfolge.

# DAHEIM IST ZU HAUSE UND UMGEKEHRT

Zu Hause im Hof der alten Fabrik gibt es von meiner Auftraggeberin weit und breit keine Spur. Wie war das noch: »Sie erhalten Ihr Honorar für eine Woche im Voraus«? Als ich auf dem Weg in mein Fabrikloft in den Briefkasten schaue, sind da keine Euroscheine. Stattdessen liegt da etwas Schwarzes, Glänzendes. Ein Revolver. Eine Smith & Wesson, Kaliber 44. Ich muss nicht Detektiv sein, um zu erraten, dass es sich bei der Wumme um die Lochstanze für den Kollegen am Eisernen Steg handelt. Ich schiebe die Kanone in die Arschtasche meiner Levis 501 und eile rauf in meine Wohnung.

Routinemäßig checke ich oben im vierten Stock am Eingang zum Loft die Lage. Der Fußabtreter, der mit der linken Ecke normalerweise unter der Eingangstür steckt, liegt jetzt schnurgerade an der Türkante. Lautlos drehe ich meinen Wohnungsschlüssel im Schloss und reiße die Tür mit einem Ruck auf.

Sofort bricht die Hölle über mich herein. Den Speedpunch, der von links auf mich zutankt, pendele ich noch locker aus. Da trifft mich von der dunklen Seite des Eingangs der harte Beat eines Schlagstocks hinters Ohr. Damned! Ich habe nicht mit zwei Angreifern gerechnet. Aber jetzt ist keine Zeit, in eine Analysis of Defense einzusteigen. Eins ist klar: Jeder andere wäre durch einen solchen Schlag auf den Schädel für ein paar Stunden ins Reich der Träume geschickt worden. Ich aber habe durch meine Zen-Ausbildung bei den KFC Special-Forces in Burma gelernt, wie man durch Bewusstseinssplitting drohenden Ohnmachten entgehen und damit extrem lange kampffähig bleiben kann.

Neulich las ich in der Zeitung, dass es in Indien einen Guru gäbe, der seit siebzig Jahren ohne Nahrung und ohne Toilettenbesuche auskäme. Das wundert mich nicht. So ähnlich übermenschlich muss man sich meine Unempfindlichkeit gegenüber für Durchschnittsheimer tödliche Schläge vorstellen.

Einen Wimpernschlag später bin ich wieder auf den Beinen. Die durch den Schlag hinters Ohr erhaltene Energie wandele ich in einen sogenannten Koma-Mizekaze um. Dabei täuscht man einen Angriff auf die Kniescheibe des Gegners vor und lässt dann seine Faust voll auf der Zwölf explodieren. Im dunklen Wohnungseingang markiert das Weiße eines Augenpaares kurz mein Ziel. Auf gut Glück schieße ich den lasermäßigen Punch ab. Leider schlägt der Upper Cut nicht auf den Punkt ein. Wenn dieser legendäre Schlag sitzt, dann gibt es niemanden auf der Welt, der ihm etwas entgegensetzen könnte. Aber auch der halbe Treffer reicht aus, um den Angreifer über den Parkettboden rutschen und zehn Meter weiter wie einen nassen Putzlappen an die Wand klatschen zu lassen. Das dürfte die Verve des Heißsporns fürs Erste bremsen.

»BANG-BANG-BANG!« Ohne Vorwarnung bellt der schwere Revolver des zweiten Gangsters auf. Im Hechtsprung katapultiere ich mich hinter den massiven Küchenblock, auf dem ich noch gestern eine herrliche »Ratatouille pauvre Allemagne« kreiert habe und der jetzt durch die Kugeln der Gangsterspritze wie ein »Filet du porc à la poivre vert« traktiert wird.

Gnadenlos spielt mir der Gunman auf seiner Kanone das Wiegenlied vom Totschlag. Mit den Meissner-Frühstückstellern meiner Oma, die ich als Wurfsterne im Stil der Ninja Turtles abfeuere, halte ich mir den Freak vom Leib. Eisblaue Feuerlanzen antworten mir. Aus der Deckung beobachte ich, wie der an die Wand geklatschte Kriminelle zu sich kommt. Wenn dieser Kollege mich mit einer zweiten Kanone ins Kreuzfeuer nimmt, ist diese großartige Detektiv-Story beendet, bevor sie richtig angefangen hat.

Der geohrfeigte Nahkämpfer ist für einen Augenblick nicht zu sehen. Da bricht der Typ wie ein epileptischer Tsunami aus meinem Schlafzimmer hervor. Mit beiden Händen umklammert er mein sechshundert Jahre altes rasiermesserscharfes Samurai-Schwert, das er von der Schlafzimmerwand gerissen hat. Mit seinen zwei Zentnern Muskelmasse jagt er auf mich zu, um mich in der nächsten Sekunde zu halbieren. Mitten im Angriffssprung des Violation-Maniacs ziehe ich die 44er aus meiner Levis 501. Hoffentlich ist die Knarre geladen. Ich entsichere und … WAMM! Dem angreifenden Freak reißt es den kahlrasierten Stierschädel nach hinten. Sein brutales Gesicht gefriert zu einem blöden Lächeln. Wie eine zu prall aufgeblasene Gummipuppe, aus der gerade Luft entweicht, flattert er durch den Raum. Er rudert mit den Armen und schmettert, von seinem Angriffsschwung getragen, volle Kanne in den goldenen Bilderrahmen meiner wertvollen Gustav-Klimt-Ölbild-Reproduktion vom Frankfurter Flohmarkt.

Nach der missglückten Schwertattacke seines Kollegen zieht es der Ballermann vor zu flüchten. Gelenkig wie eine Katze flieht er über das heiße Blechdach der Fabrik. Da ich aus rechtlichen Erwägungen Leuten ungern in den Rücken schieße, lasse ich die Smith & Wesson stecken und schleudere ihm das Nächstbeste, das ich zu fassen kriege, hinterher. Meine Adilette trifft den Fighter hart am Kopf. Der Gunman strauchelt. Aber er ist gleich wieder auf den Beinen. Grinsend empfiehlt er sich mit einem ironischen Militärgruß, indem er sich mit zwei Fingern an die Schläfe tippt. Er springt vier Meter tiefer in den Fabrikhof, rollt sich auf dem Pflaster ab und verschwindet durch das Eingangstor der Gummistiefelfabrik.

Schade. Ich hätte gern den Grund seines Besuches gewusst. An eine Befragung des anderen ist nicht zu denken. Der Hüne hängt mit seiner Visage mitten in der Molkerei der splitternackigen Heroinnen meiner Gustav-Klimt-Originalfälschung vom Frankfurter Flohmarkt und bereichert die aristokratische Gold- und Ultramarin-Palette des Meistermalers der Donaumonarchie durch einige blutrote Einsprengsel im unbekümmerten Duktus eines Jackson Pollock. Ich schäle den Kerl vorsichtig aus dem Goldrahmen, um das wundervolle Gemälde nicht noch mehr zu beschädigen. Sein Gorillarücken schlägt auf dem Fußboden auf. Noch immer sinnlos grinsend, trägt er ein rotes Mal auf der Stirnmitte. Offensichtlich ist er tot. So tot, wie man nur sein kann, wenn man so richtig tot ist. Nachdenklich betrachte ich die rauchende 44er Smith & Wesson in meiner Hand.

Keine gute Idee, dem Mann ausgerechnet mit dieser Waffe das Licht auszupusten. Und dann auch noch genau zwischen die Augen.

Das letzte Mal, als ich gezwungen war, einen Menschen mit einer Waffe ins Jenseits zu befördern, war vor drei Jahren während eines Polizeieinsatzes. Das war auf den Tag genau an meinem fünfunddreißigsten Geburtstag. Danach habe ich den Polizeidienst quittiert.

Fortan musste ich meine Gegner ohne Waffe liquidieren. Jetzt, rückblickend nach drei Jahren, kann ich sagen: Mit einer Kanone fällt das bedeutend leichter.

Nach dem Besuch der beiden Einbrecher ist meine Wohnung ein Müllhaufen. Schubladen sind herausgezogen und durchwühlt, Möbel wurden umgestürzt. Mein Anglerausweis, die Eintrittskarte vom Ramones-Abschiedskonzert in Offenbach, das vollständige Kicker-Abo der Jahrgänge 1996 bis 2013, mein ganzes Leben liegt auf dem Boden verstreut. Was haben die beiden Freaks eigentlich gesucht? Geld kann es nicht gewesen sein. Außerdem braucht es keine zwei Muskelschränke mit Einzelkämpferausbildung, um in eine Wohnung einzubrechen. Der Besuch der beiden muss im Zusammenhang mit dem Auftrag der Lady und dem Ableben des Herrn mit Hund stehen.

Jetzt steht erst mal die Zwischenlagerung des stürmischen Gustav-Klimt-Liebhabers an. Sein eingefrorenes Grinsen geht mir langsam auf die Klicker. Also ab in den Kühlschrank mit dem Kerl. Außer einem Dutzend Halbliterpullen Binding Export und ein paar Riegeln Kinder Country ist mein Kühlschrank leer. Bis ich eine Endlagerungsstätte für den Typ gefunden habe, werde ich ein paar Tage warmes Bier trinken müssen. Nicht nur deswegen muss ich mir bald was einfallen lassen. Falls es zu einer polizeilichen Untersuchung kommen sollte, wäre es nicht ganz einfach zu erklären, wieso der Mann mit derselben Waffe und der gleichen Einschussstelle erledigt wurde wie der Frühaufsteher am Eisernen Steg.

Dieser Job beginnt schon mit zwei Toten an einem Morgen! Hat sich meine Auftraggeberin eigentlich mit ihrem richtigen Namen vorgestellt? Bei ihren Anrufen war die Rufnummer unterdrückt. Bei Google checke ich, ob irgendwer namens »Ellen von Unschwer« existiert. Kaum habe ich die ersten Buchstaben ihres Nachnamens eingetippt, da erscheint auf den ersten Plätzen: »Ellen von Unschwer, IAC, International Art Consultants«. Adresse und Telefonnummer in Bad Homburg. Ich wähle und warte.

»Tut mir leid, Frau von Unschwer nimmt am Wochenende keine Gespräche entgegen«, näselt eine Empfangsdame. »Kann ich Ihnen irgendwie weiterhelfen?«

»Wie ich schon sagte, hier ist McBride, Jürgen McBride, Privatdetektiv. Könnte ich Frau von Unschwer sprechen? Es ist dringend.«

»Tut mir leid, das ist nicht möglich – versuchen Sie es am Montag noch mal. Worum geht es denn?«

»Tja, das weiß ich selbst noch nicht so richtig.«

»Wenn Sie das nicht wissen, dann kann es ja nicht so dringend sein. Entschuldigen Sie bitte, wir haben zu tun. Auf Wiederhören.«

Damit kann ich mich nicht zufriedengeben. Womit bin ich eigentlich beauftragt? Doch wohl nicht, um ein exekutiertes Herrchen samt totem Hund zu besichtigen? Höchste Zeit, meiner Auftraggeberin einen Besuch abzustatten.

# BAD HOMBURG HAT DIE HÖCHSTE BLONDINEN-DICHTE IN GANZ DEUTSCHLAND

Laut brüllt der Vierzylinder-Motor meines Opel GT auf, als ich aus der Ausfahrt der Gummistiefelfabrik im Gutleutviertel auf die Straße presche und irgendeinem Bürohengst, der sein Leben mit dem Ratenkauf eines Audi-SUVs verwirkt hat, die Vorfahrt nehme. Hauteng gleitet meine Asphaltdrohne über der Fahrbahndecke auf die Autobahn 661 in Richtung Bad Homburg.

Die Auffahrt zum Firmensitz der International Art Consultants, einer klassizistischen Villa, ist mit Karossen im Wert von drei Einfamilienhäusern zugeparkt. Das ist für Bad Homburg kein ungewöhnlicher Anblick. Die ganze Stadt scheint aus Millionären zu bestehen. Und ihrem Personal. Am Ende der Aufgangstreppe versuche ich die drei Meter hohe Eingangstür mit der Hand aufzuziehen. Keine Chance.

»Ja bitte?«, knarzt es aus einem Lautsprecher. Das blauschwarze Krakenauge der Überwachungskamera glotzt mich an.

»McBride, hier ist Jürgen McBride. Ich möchte zu Frau Unschwer«, spreche ich in die gläserne Halbkugel.

»Sehr gerne, Herr McBride.« Ist das nicht die gleiche Frauenstimme, die mich vorhin am Telefon hat abtropfen lassen? Die schwere Eingangstür öffnet sich lautlos. Ich betrete den weißen Marmorboden des Empfangsraums, in dem sich nichts befindet außer einem zierlichen Rokoko-Schreibtisch, an dem eine Empfangsdame vor einem Apple-Air-Laptop sitzt. Hinter der Frau in Leopardenbluse hängt ein schlampig gemaltes, graues Bild, auf das jemand mit Kinderschrift »Flieg, Maikäfer, flieg« geschrieben hat. Als ich an den Schreibtisch herantrete, hebt die Dame ihr hübsches Köpfchen von ihrer Tipparbeit. Sie schenkt mir ein Empfangsdamen-Lächeln und flötet wie ein Vögelchen: »Frau von Unschwer erwartet Sie bereits.« Schimmert hinter ihrer Gucci-Brille mit dem violett getönten Glas nicht ein tüchtiges Veilchen? Ein Vögelchen mit einem Veilchen?

Die Concierge schraubt sich auf ihren Lackhacken in die Senkrechte. Ihre schlanke Hand weist mir den Weg mit einer Geste, wie man sie sonst nur aus den Sissi-Filmen von Kaiser Franz Josefs Mutter kennt. Meine Fresse, hier geht es anders zu als in der Trinkhalle, an der ich vor wenigen Stunden mein letztes Binding Export abgepumpt habe. Aber sei's drum. Toleranz wird bei mir großgeschrieben. Mit einem gelangweilten Nicken reagiere ich, als ob ich Besseres gewohnt wäre.

Die Empfangsdame tippelt mir voraus, klopft leise an einen Türrahmen und wippt ihre Hochsteckfrisur ein Stückchen durch den Türspalt: »Herr McBride wäre jetzt da, Frau von Unschwer.« Lächelnd hält sie mir die Tür auf.

Da sehe ich Ellen von Unschwer zum ersten Mal. Plötzlich bin ich wieder vierzehn. Unfähig zu sprechen, stürze ich kopfüber in das Meeresblau dieser wundervollen Augen. Mein detektivisch geschultes Unterbewusstsein schafft es gerade noch, ihre nach dem ersten Telefongespräch vorschnell präjudizierte Körbchengröße von 75 B auf 80 D zu korrigieren. Sie spricht mich mit einer warmen klangvollen Stimme an, die jedes fühlende Wesen vernichten muss: »Ich freue mich, dass Sie mir helfen wollen, Mister McBride.«

Seit Langem hat keiner mehr »Mister« zu mir gesagt. Noch habe ich in den vergangenen zehn Jahren hierzulande jemanden getroffen, der »McBride« aussprechen konnte, ohne dass es geklungen hätte wie das Fantasie-Englisch einer Eurovision-Song-Contest-Sängerin.

Ich will nicht sagen, dass ich von meiner Auftraggeberin beeindruckt bin – das wäre untertrieben. Die zutreffende Formulierung ist: Ich – als verstandesbegabtes, selbstbewusstes Wesen – bin ab sofort nicht mehr existent. Für alle, die noch nie richtig verliebt gewesen sind – und das sind nach neuesten Schätzungen des Max-

Planck-Institutes dreiunddreißig Prozent der bundesdeutschen Bevölkerung –, das ist, was passiert, wenn du wirklich verliebt bist.

Frau von Unschwer bietet mir einen Platz auf einem schweren Ledersessel an. Dankbar für die Möglichkeit, mich aus meiner Idiotenstarre zu lösen, steuere ich das Sitzgerät an. Unter dem Eindruck von Ellens aristokratischer Anima tapse ich wie ein ferngesteuerter Zombie durch den Raum. Das Parkett knarzt unter meinen ungelenken Schritten. Hinter mir ertönt ein Hüsteln, das wie ein unterdrücktes Lachen klingt. Ich drehe mich um und blicke in das Antlitz des ewigen Widersachers. Ein Typ mittleren Alters mustert mich hämisch mit halb geschlossenen Augenlidern. Mein Blick fällt auf seine übergroßen Hände. Die behaarten, manikürten Pratzen ragen aus blitzweißen Hemdsärmeln heraus, die mit goldenen Manschettenknöpfen geschlossen sind. Seine halb langen Haare sind mit Haaröl aus seiner gebräunten Stirn nach hinten gekämmt. Schwarz und fettig kräuseln sie sich auf dem Kragen seines hellgrauen Maßanzugs.

»Danke, Fredo, ich brauche dich heute nicht mehr«, verabschiedet Ellen den kosmetisch konservierten Mephistopheles. Der Kerl erhebt sich. Sitzend hat er um einiges größer gewirkt. In seinen metallbeschlagenen Pferdelederschuhen klackert er über das Eichenparkett. Mit »Ich rufe dich morgen früh an, chérie« tritt er ab. Ohne meine Ermittlungsarbeiten durch Voreingenommenheit belasten zu wollen: Diese falsche Schlange erscheint mir vom ersten Augenblick an höchst verdächtig.

Ellen schließt die Tür ihres Büros hinter Fredo. »Das ist mein langjähriger Berater und Anwalt Fredo Friedelstein«, klärt Ellen mich auf und kommt damit meinem detektivischen Interesse zuvor.

Als Ellen vorbeischwebt, weht mir der Duft ihres Parfums in die Nase. Frisch wie das Odeur der Meeresluft der Côte d'Azur. Unterlegt mit Noten von blühendem Lavendel und Rosmarin, etwas Schampus und einem Hauch von Benzin – so in etwa riecht diese Frau. Ihr Parfum erweckt in mir Erinnerungen an die Zeit, als der Opel GT und ich das erste Mal zusammen über die kurvigen Küstenstraßen von St. Tropez gebrettert sind. Ich spüre, dass ich meine Nase schon viel zu tief in diesen Fall gesteckt habe, um wieder aussteigen zu können.

»Also, wie kann ich Ihnen helfen, Frau von Unschwer?«

»Wissen Sie, Mister McBride … aber wir wollen doch bitte Du zueinander sagen. Du weißt ja bereits, dass Johannes … Johannes W. Körner …« Ellen kann nicht weitersprechen.

»Johannes W. Körner ist der Name Ihres, äh … deines erschossenen Geschäftspartners, nicht wahr?«, versuche ich sie mit der Distanz eines professionellen Privatdetektivs zu beruhigen.

»Ja.« Sie fährt sich mit beiden Händen durch ihre dichten blonden Locken. »Johannes hat das alles nicht ernst genommen.«

»Wann haben … ähh … hast du erfahren, dass er ermordet worden ist?«

»Heute Morgen. Um kurz nach sechs. Ich habe gerade mit ihm telefoniert, als es passiert ist.«

»Schläft man um diese Uhrzeit nicht normalerweise? Warum war er so früh unterwegs?«

»Johannes wollte einen Informanten wegen einer bei uns gestohlenen Zeichnung kontaktieren. Ich wollte wissen, was er gerade treibt. Er hat abgenommen. ›Ich bin jetzt am Eisernen Steg. Alles gut, Ellen!‹, sagte er und dann: ›Moment mal, bleib dran.‹ Dann hat es zweimal geknallt. Die Verbindung wurde unterbrochen. Ich habe wieder und wieder versucht ihn zu erreichen. Er hat nicht mehr geantwortet. Danach habe ich dich angerufen, Jürgen.«

»Und wieso ausgerechnet mich?«

»Unsere Agentur hatte bereits am Freitag beschlossen, einen Privatdetektiv mit Ermittlungen wegen des Diebstahls der Zeichnung zu beauftragen. Dieser Detektiv bist du.«

»Was genau ist mein Auftrag, Ellen?«

»Zuerst einmal geht es immer noch um die Wiederbeschaffung der gestohlenen Zeichnung. Sagt dir der Name Beuys etwas, Jürgen?«

»Klar, Beuys. Joseph Beuys, richtig? Klar, den kennt man doch. Ist das nicht der Typ mit dem Fettstuhl? Den die Putzfrau weggeräumt hat? Ziemlich abgefahrene Geschichte. Ich mag ja diese moderne Kunst echt gern. Am liebsten übrigens die Expressionisten. Der

Allergrößte ist für mich Gustav Klimt. Da kommt so schnell keiner mit, was?«

Ellen mustert mich einen Moment lang schweigend. Ihre Stirn legt sich in Falten. Sorgenfalten, vermute ich. Die ganze Geschichte nimmt die Frau bestimmt sehr mit. »Wie auch immer – die Beuys-Zeichnung besitzt einen sehr hohen Wert. Es gibt nichts Vergleichbares im zeichnerischen Oeuvre von Joseph Beuys. Sie ist am letzten Donnerstag gestohlen worden. Normalerweise ist sie in einem Safe der Commerzbank verschlossen. Wir haben in unserem Haus eine Expertise für eine Versteigerung bei Sotheby's ausgestellt. Zu diesem Zweck ist sie einen halben Tag in unserem Haus gewesen. Anschließend haben wir die Zeichnung durch einen Security-Dienst zur Commerzbank zurückstellen lassen. Außer dem Art-Depot-Management der Commerzbank und unserer Agentur hat niemand gewusst, dass es sich bei dem Beuys um das ›Mantra Nr. 1‹, die wertvollste Beuys-Zeichnung überhaupt, handelt. Der Fahrer des Transportes ist nicht darüber informiert gewesen, was er transportiert. Er ist mit der Zeichnung nie bei der Bank angekommen. Fahrer und Transporter sind seitdem verschwunden. Jetzt vermutet die Versicherung der Commerzbank, dass der Diebstahl durch Fahrlässigkeit unserer Firma oder möglicherweise sogar in unserem Auftrag erfolgt ist.«

»Wie sieht die Zeichnung eigentlich aus?«

»Darauf sind ein Eichhörnchen und ein Autograf zu sehen, ein Mantra von Joseph Beuys.«

»Ein Eichhörnchen und ein Manta? Der Typ fährt auf Opel Mantas ab?«

Ellen lässt ein helles Lachen aus zwei perfekten Zahnreihen aufblitzen, neben denen sich Michelle Hunzikers Beißer wie kariöse Rußstumpen ausnehmen. »Ein Mantra ist eine Art Sinnspruch, dem man durch wiederholtes Aufsagen eine gewisse Wirkung nachsagt.«

»Und wie heißt dieses Mantra auf der Zeichnung?«

»Das Mantra heißt: ›Jeda – Jeda – Audu – bist ein großer Künstler.‹« Nachdem dieser Satz verklungen ist, verstummen wir beide aufs Neue. Wenn auch aus unterschiedlichen Gründen.

»Also ein Eichhörnchen und ein Spruch.«

»Genau. Das Ganze ist auf einem hellblauen Löschpapier mit Kojotenblut geschrieben«, klärt Ellen mich auf.

Bekritzeltes Löschpapier? Das kommt mir bekannt vor. Mir fallen die in meiner Schulzeit während des Mathematikunterrichts mit viel Liebe hergestellten Schatzkarten ein, die wir mit allerlei Tricks auf alt getrimmt haben. Und Kojotenblut? Nicht übel.

»Wie viel ist diese Beuys-Zeichnung denn wert?«

»Ich habe sie auf zwischen eins Komma fünf und zwei Millionen Euro taxiert.«

»Ja lecko di Arschi!«, entfährt es mir in flapsigem Italienisch.

Ellen lächelt: »Ja, das sind nicht gerade Peanuts.«

»Du sprachst vorhin von Personen, die ein Interesse an der Zeichnung haben. Wen meinst du damit?«

»Dazu muss ich dir etwas über den Künstler Joseph Beuys erzählen. Er ist nicht nur ein großartiger Künstler gewesen, sondern auch eine Art Magier, ein Schamane. Die Zeichnung hat er im Herbst 1970 mit einigen seiner Getreuen in Schottland auf einer alten keltischen Kultstätte angefertigt. In den Carson McCullers High Heels. Man sagt dieser Zeichnung mystische Kräfte nach. Auf den Künstler, der sie besitzt, soll die ureigene Kraft des Meisters selbst, eine Art künstlerische Omnipotenz, übergehen. Das bedeutet Weisheit und unbegrenzter Erfolg als Künstler. Damit ist durchaus auch kommerzieller Erfolg gemeint.«

»Glaubst du diesen Kram, Ellen?«

»Es gibt jedenfalls Leute, die das tun.«

»Okay. Was ich jetzt von dir benötige, ist eine Liste aller Personen, die von der Anwesenheit der Zeichnung in deiner Agentur gewusst haben. Und die Namen von Sammlern und Typen, denen du ein Interesse an der Zeichnung zutraust. Ich schlage vor, dass ich diese Leute überprüfe. Ach so, eins muss ich noch wissen: Wieso hast du ausgerechnet mein Büro angerufen? Schließlich gibt es in Frankfurt fast hundert private Ermittler.«

»Wir haben deine Adresse gestern ausgependelt. Aus den Gelben Seiten.«

Ich lasse mir die Enttäuschung über diese selten blöde Antwort nicht anmerken: »Interessant. Wer ist wir?«

»Meine Assistentin Marie-Claire Gascoigne und ich.«

»Gascoigne wie Paul Gascoigne? Ist sie etwa mit Paul Gascoigne verwandt?«

»Da fragst du sie am besten selbst. Du hast sie übrigens vorhin kennengelernt, sie arbeitet heute am Empfang.«

Dies ist der erste brauchbare Anhaltspunkt in dieser Geschichte. Ich erinnere mich nämlich gut an das Gespräch mit der Telefonistin Gascoigne. Denn warum ich angerufen habe, hat sie wohl gewusst, wenn sie mich als Privatdetektiv ausgependelt hat. Warum hat sie dann am Telefon so getan, als ob sie nicht wüsste, worum es geht? Eine Antwort könnte sein: weil das nun mal der Stil von Bad Homburger Empfangsdamen ist. Eine andere Antwort: weil sie nicht will, dass ich sie mit dem Fall in Verbindung bringe. Mit der zweiten Antwort kann ich mehr anfangen.

»Wenn du noch ein bisschen Zeit übrig hast, würde ich dir gern unsere Agentur zeigen, Jürgen – damit du dich besser in den Fall hineindenken kannst«, erklärt Ellen mir in geschäftigem Tonfall.

»Das kann nicht schaden«, blinzele ich weltmännisch meiner charmanten Auftraggeberin zu. Ellen, ganz Grand Dame, blinzelt mit ihren Samtwimpern in Slow Motion zurück. Dann schreitet sie in ihrem grauen, eng anliegenden Wollkleid von Yves Saint Laurent die Marmortreppe in den ersten Stock voran.

»Unsere Agentur betreut einerseits Künstler, andererseits haben wir Klienten wie Aussteller oder Käufer. Letztere können Organisationen, etwa Museen oder Banken, aber auch private Sammler sein. Apropos Sammler: Was wir auch machen, sind Bewertungen von Kunstsammlungen. Und schließlich erstellen wir noch Expertisen zu einzelnen Werken wie im Fall des verschwundenen Beuys. Kunstwerke als Anlageobjekte gewinnen in einem spekulativen Finanzmarkt mehr und mehr Bedeutung. Bevor jedoch rein an Profit interessierte Leute viel Geld für den Kauf eines Kunstwerks in die Hand nehmen, erwarten diese Leute im Vorfeld eine gewisse Sicherheit durch die Beurteilung der Kunstwerke. Das ist, neben der Vermittlung von Newcomer-Künstlern, unser eigentlicher Service. Wir sind sozusagen die Schnittstelle zwischen Kunst und Kapital.«

Wie wenig das doch alles mit wahrer Liebe zur Kunst zu tun hat, denke ich, als mir meine zerstörte Gustav-Klimt-Kopie in den Sinn kommt. Abgesehen von meinem neuen Auftrag warten noch zwei schwere Aufgaben auf mich. Der Blödmann aus dem Kühlschrank muss beseitigt werden. Und ich muss den Künstler vom Frankfurter Flohmarkt wiederfinden, damit er die Klimt-Grazien restauriert.

Ellen zählt die Namen der Künstler auf, deren Werke im Treppenaufgang hängen. Ich kenne keinen einzigen. Diese ganzen Bilder mit zu viel oder zu wenig Farbe langweilen mich. Aus dem Nichts schieße ich springmesserscharf eine echte Ermittlerfrage ab: »Was haben eigentlich die beiden Typen in meiner Wohnung gesucht?«

Ellen zuckt unmerklich zusammen. »Es war jemand in deiner Wohnung?«, fragt sie leise. Sie stoppt eine

Treppenstufe über mir und dreht sich um. Aus Mangel an Achtsamkeit laufe ich weiter und lande mit meiner Nase in ihrem Wollkleid. Rechts und links verschließt mir etwas Warmes und Weiches die Ohren. Als ich kurz vorm Ersticken aus dem Bälleparadies wieder auftauche, presst Ellen mir ohne Vorwarnung ihre feuchten Lippen auf den Mund. Wir schaffen es gerade noch, den Treppenabsatz zu erreichen, von wo sie mich in eine Besenkammer zerrt und die Tür verriegelt.

Unsere Kleider sind schweißdurchtränkt, als wir nach dreiundzwanzig Minuten aus der Kammer treten. »Oh Jürgen«, haucht Ellen. Ihre Flanken zittern wie nach einem Stutenrennen auf der Galopprennbahn in Frankfurt-Niederrad. Mit einem Klaps auf ihren Champions-League-Po verabschiede ich mich: »Tschüssikowski! Und keine Panik, Baby.«

Ellen wirft mir einen Blick grenzenlosen Vertrauens hinterher. Wie ein Stabhochsprungweltmeister federe ich die Marmortreppe zum Foyer hinunter. Die Empfangsdame Marie-Claire Gascoigne mustert mich durch ihre getönte Brille. Sie kaut mit ihren Schneidezähnen auf der Unterlippe. Ich grüße stumm mit einem Kopfnicken, während ich mir auf dem Weg zum Auto das Hemd zurück in die Hose stecke.

# DAS GEHEIMNIS DER MONIKA BÄRHEIMER

Draußen im Opel GT schalte ich das Kaltluftgebläse des Wagens auf Stufe drei, um meine Körpertemperatur wieder unter neununddreißig Grad zu bringen. Mittlerweile ist es halb zwei nachmittags. Mein Opel und ich gleiten die Friedberger Landstraße hinunter Richtung Innenstadt. Tief dringen wir in die Hochhausschluchten der City ein. Wir rauschen über die Alte Brücke und parken auf der Sachsenhäuser Seite gegenüber dem Tatort am Eisernen Steg.

Wahrscheinlich ist der ermittelnde Beamte am Tatort mein alter Freund Hauptkommissar Erik Odecker vom Morddezernat Frankfurt-Mitte. »Freund« ist eigentlich zu viel gesagt. Ein Hauptkommissar Odecker braucht keine Freunde. Dieser wackere Streiter für Recht und Ordnung in der Hauptstadt des Verbrechens kennt nur seine Pflicht. Als Privatperson nimmt man den Kriminalbeamten Odecker kaum wahr. Als Staatsdiener ist der Hauptkommissar aber eine Persönlichkeit. Nicht umsonst nennt man ihn auf dem achtundfünfzigsten Revier hinter vorgehaltener Hand »den Terrier«. Der Terrier wuselt hinter den rot-weißen Absperrbändern am Tatort herum. Er ist von Weitem zu erkennen. Wie immer trägt er sein haselnussbraunes Schurwoll-Jackett mit aufgenähten wildledernen Ellenbogenschonern. Das Jackett kauft ihm seine Frau eine Nummer zu groß, damit im Winter sein Rollkragenpullover darunterpasst.

Der Tote und sein Hund sind bereits abtransportiert. Die Spurensicherung hat um die beiden mit Sprühkreide eine Umrisskontur über die Bank und in den Kiesboden gesetzt. Ein heißer Sommerwind wirbelt über den Platz und beginnt den polizeidienstlichen Keith Haring bereits zu verwischen.

»Mahlzeit, Erich. Was liegt an?«

»Kauf dir morgen die Rundschau, da steht's drin.«

»Na komm, nun hab dich nicht so – weißt du noch: Erich und Jürgen, Lehrgang Bonn 99, die unzertrennlichen deutsch-deutschen Vorzeige-Kommissar-Anwärter?«

»Nenn mich nicht immer Erich. Ich heiße Erik.«

»Kennt deine Frau immer noch nicht deine Kleidergröße?«

»Was willst du hier?«

»Och, ich dachte, ich könnte dir ein bisschen helfen.«

»Inwiefern?«

»Nun, sagen wir mal, ich wüsste, wer der Tote ist. Rein theoretisch.«

»Ich weiß, wer der Tote ist, und den Rest krieg ich auch ohne dein Gequatsche raus.«

»Na, dann wünsche ich dem Ermittlungskollektiv Erich Odecker noch viel Erfolg!«

»Verpiss dich.«

»Ich habe deine direkte Art immer gemocht, Erich.«

»Hau endlich ab. Dass du hier aufgetaucht bist, bringt dich übrigens auf meine Liste.«

»Für eure Weihnachtsfeier?«

Erik möchte sich nicht weiter mit mir unterhalten. Er wischt sich mit einem karierten Stofftaschentuch den Schweiß aus dem Nacken und dreht sich weg. Ich laufe hinauf auf den Eisernen Steg, um mir den Tatort von oben anzuschauen. Von der Brücke betrachtet, erscheint die verdeckt stehende Bank ein guter Treffpunkt zu sein, um sich ungestört unterhalten zu können.

Unten auf dem Kiesweg redet ein Mann lebhaft auf Kommissar Odecker ein. Der Typ im orangen Overall zeigt mit dem Finger immer wieder in meine Richtung. Odecker weist zwei Polizisten an, sich zu mir zu bewegen. Wegen des Bilderstürmers in meinem Kühlschrank möchte ich auf keinen Fall zu Hause Besuch von der Polizei bekommen. Also warte ich brav, bis die zwei Greifer mich abholen und zum Kommissar führen. Erich erklärt mir, dass mich der knallorange Grünanlagenpfleger zum Tatzeitpunkt am Eisernen Steg gesehen hat. In der typischen Kommissar-fragt-Verdächtigen-Kopfhaltung schaut er mich dabei schräg von unten herauf an. Sein keckes »Und?« lasse ich erst mal unbeantwortet stehen. Ich kenne ihn und weiß, dass wir an dem Punkt angelangt sind, an dem man besser keine Späße mit Hauptkommissar Odecker treibt. Außer Odeckers Falkenblick aus der Maulwurfsperspektive fixieren mich noch die trüben Sehorgane der beiden Greifer. Und die schwarzen Knopfaugen des Grünanlagenpflegers, die wild unter seinen buschigen Augenbrauen hervorlugen, haben mich längst schuldig gesprochen. Das ist mir ganz ausgesprochen zu viel Geglotze, um vernünftig auf eine so dünne Frage zu antworten. »Gut, und selbst, Erich?«, entfährt es mir daher leichtsinnigerweise.

»Schön. Wie du willst. Du bist vorläufig festgenommen wegen des Tatverdachts des Mordes und … Wie heißt das noch, Verstoß gegen die Tierschutzbestimmungen. Ab mit ihm aufs Revier.«

»Hör mal, Erik, du kannst …«

»Nix hör mal. Du kannst mir nachher auf der Wache deine Geschichten erzählen. Ab die Post, Jungs.«

Ich denke an den lochgestanzten Samurai. Ohne Protest lasse ich mich von den grünen Jungs aufs Polizeipräsidium abführen.

Das Frankfurter Polizeipräsidium liegt am nördlichen Rand der City an der Adickesallee. Mit der hundert Meter langen Hausfront aus Glas und Langeweile sieht der Neubau aus wie die längste Stadtsparkasse der Welt. Die Ermittlungsbeamten lassen mich in einem der

Vernehmungszimmer zwei Stunden schmoren. Damit geben sie mir genügend Zeit, eine Strategie für das nachfolgende Verhör zu entwickeln, die an Cleverness so viel Stoff bietet, dass damit die Drehbücher sämtlicher Gerichtsszenen eines ganzen bundesdeutschen Fernsehjahres gefüllt werden könnten. Weder Kaffee- noch Zigarettenentzug, weder die tristen Verhörtische von IKEA noch die Verhörmethode »böser Cop, guter Cop«, durchgeführt von Hauptkommissar Odecker in eigener Person und einer weiteren Ostdeutschen im braunen Kapuzennicki, schaffen es, eine Lücke in meine wasserdichte Verteidigung zu reißen. Die Wurfanker der beiden uninspirierten Apparatschiks finden an meinen fugenlos wie die Felsblöcke der alten Inka-Festungen ineinandergesetzten Argumenten keinen Halt.

Nach vierzig Minuten Verhör bin ich wieder auf freiem Fuß und atme den typischen Frankfurter U-Bahn-Stations-Geruch aus Metallabrieb, Pisse und Zigaretten ein. Oh Duft der Frankfurter Freiheit, du hast mich wieder! Damit das so bleiben kann, steht als Nächstes die Entsorgung des tiefgekühlten Mittelstürmers an.

Im U-Bahn-Schacht fällt mir ein Plakat mit der Abbildung eines nackten Menschen auf. Unter der Überschrift »Körperwerte – die anatomische Sensation endlich auch in Offenbach!« sieht man das Foto einer präparierten Leiche. Dem Körper hat man die Haut bis auf das rosa gefärbte Muskelfleisch abgezogen. Wie bei einem Kaninchen aus der Frankfurter Kleinmarkthalle. Die Gliedmaßen des Toten sind in die Haltung eines Sprinters im

Startblock gerenkt. Außer zum Besuch der Totenschau aufzufordern, sucht das Plakat nach neuem Ausstellungsmaterial: »Haben Sie Talent zum Model? Möchten Sie körperlich unsterblich bleiben? Steht Ihr Ableben kurz bevor und wollen Sie die Kosten für die Beerdigung sparen? Dann melden Sie sich noch heute im Institut für Leichenkonservierung, 85342 Heilbronn, Winkelgasse 9b bei Dr. Wolfram Unbehagen. Weitere Infos unter www.the-art-of-fleddering.de«. Neben dem Werbetext grinst mich das Foto eines hageren Mannes mit Filzhut und Überbiss an. Dr. Unbehagen in Person. Der Mann und seine Geisterbahn sind genau die richtige Adresse, um meinen lochgestanzten Mitbewohner loszuwerden.

Auf dem Weg zurück in mein Loft der alten Gummistiefelfabrik blockt mich unsere Hausmeisterin auf dem Treppenabsatz. Frau Hegemann senior ist das, was man ein »hessisches Original« nennen darf. Ich versuche mit einem »Tach, Frau Hegemann« an dem Original vorbeizuschlüpfen. Mit einem kleinen Schwenk ihrer Hüfte keilt mich die Frau zwischen ihrer Kittelschürze und der Hausflurwand ein.

»Ei, Herr Mägbreid, mir sin ja fleißisch unnerweeschs. Was warn des firn Krach bei Ihne? Des klang mer ja bald, als wär da geschosse worn. Viel hädd nemmer gefehlt un mir hädde die Bollizei aahgerufe.«

Die stattliche Mittfünfzigerin aus der unteren Etage legt keinen Wert auf ein freundliches, nachbarschaftliches Verhältnis. Sie taucht nur auf, wenn es was zu bemängeln gibt. Unsere Unterhaltungen werden nach einer Weile stets durch ihre Tochter bereichert. Hegemann junior bringt sich dann schweigend mit einer Art vorwurfsvoller Präsenz ein. Unter ihrem Mittelscheitel stiert ein graues Augenpaar hervor, das alles zu missbilligen scheint. Dabei ist ihr Blick irgendwie berührend. So als ob dir deine Oma mit dem Spuckefinger einen Fleck von der Backe reiben will. Sie glotzt dich an wie ein Schöffe bei einer Gewissensprüfung.

»Sorry, Frau Hegemann, ich hab's eilig. Geschäftlich unterwegs.«

»Geschäftlich unterwegs!«, äfft Mutter Hegemann mich in Hochdeutsch nach. »Solle mer jetzt lache oder weine? Des wolle mir gar net wisse, ihrn Schmonzes. Bei Ihne is geschosse worn. Stimmt's, Jule? Un? Wollese des uns jetzemal erklärn?«

»Also gut, Frau Hegemann, mir ham geschosse.« Die Frau dringt bis in mein Sprachzentrum vor. »Es war aber nur … Übungsmunition. Sie wissen ja, ich arbeite als Detektiv. Deswegen habe ich die Funktion meiner Dienstwaffe überprüft und dabei einige Schüsse in den Himmel abgegeben. Tut mir leid, ich habe gedacht, das stört niemanden.«

»Is die Märchenstund jetz vorbei?«

»Schönen Tach noch, Frau Hegemann, ich muss jetzt wirklich.« Ich zwänge mich an den beiden vorbei.

»Des war nonett alles, Herr Mäggbreid. Wenn Sie en Dumme suche, dann sinnse bei uns genau an der richtischen Adresse, was Jule?«, schreit mir Bürgerin Hegemann hinterher.

Oben vom Loft aus rufe ich meinen alten Freund Idefix an. Der ehemalige Vize-Europameister im Hammerwerfen betreibt heutzutage einen privaten Kurierdienst. Idefix schuldet mir noch einen Gefallen. Vor einigen Jahren konnte ich ihn durch ein einziges Gespräch von einer schweren Depression befreien. Der arme Kerl hatte schon etliche Kapazitäten auf dem Gebiet der Seelenheilkunde konsultiert. Ohne Erfolg. Was ich ihm damals zwischen einigen Gläsern Apfelwein im »Kanonesteppel« mitgeben konnte, hat ihn so nachhaltig auf eine höhere Bewusstseinsstufe gehievt, dass der Mann bis zum heutigen Tag als einer der glücklichsten Menschen von ganz Frankfurt gilt. – Doch das nur nebenbei. Ich finde, man sollte diese alten Geschichten nicht unnötig breittreten. Diskretion, persönliche Angelegenheiten betreffend, ist bei mir Ehrensache. Ums kurz zu machen: Jedenfalls waren seine Erektionsstörungen nach meinen Tipps sozusagen wie weggeblasen. Ich könnte mich heute noch wegschmeißen, wenn ich daran denke, wie unbedarft Idefix und seine damalige Freundin Monika Bärheimer in diesen Dingen gewesen sind.

Pünktlich steht Idefix am Montagmorgen auf der Matte. Zur Unterstützung hat er einen rothaarigen Russen angekarrt. »Rogoschin«, stellt sich der Osteuropäer lächelnd vor und drückt mir die Hand zu Brei. »Wie ›Rogoschin‹ aus ›Der Idiot‹«, meint er.

Ich habe nicht die geringste Ahnung, wovon der Schrank mit dem rollenden R spricht, und grinse vorsichtshalber mal zurück. Egal, wir haben einen Job zu tun. »Also Jungs, schön, dass ihr da seid. Abgesehen davon, dass der Typ in dem Kühlschrank noch keinen Totenschein hat, ist die Tour keine große Sache. Wir fahren den Kühlschrank nach Heilbronn zu so einem Doc, der Tote einsammelt, ausstopft und in einer Freakshow präsentiert. ›Körperwerte‹ heißt das, schon mal gehört?«

»Mhm«, bestätigen die beiden Dienstleister im Chor.

»Okay, ich habe hier ein Formular der Unikliniken Frankfurt, ausgestellt und beglaubigt vom Chef der Pathologie, Prof. Dr. Frank Uebelacker. Natürlich gefälscht. Diesen Wisch zeigt ihr den Arschlöchern in Heilbronn, ladet unseren Krieger aus dem Kühlschrank ab und macht auf dem Absatz kehrt. Ach ja, falsche Nummernschilder brauchen wir natürlich.«

»Hab ich dabei«, pariert Idefix. Mitdenkendes Personal ist einfach Gold wert. Die beiden Transportunternehmer wuchten den übergroßen Kühlschrank mit dem Eismann die Treppe der Gummistiefelfabrik hinunter. Unten im Parterre erwartet uns die Facility-Managerin Frau Hegemann senior.

»Un – was werdd des jetz widder?«, schnauft die Hausmeisterin. Eigentlich hat sie mich angesprochen, aber Rogoschin marschiert, den Kühlschrank auf den Rücken gepackt wie Obelix seinen Hinkelstein, auf die Hausmeisterin zu. Verschwörerisch flüstert er ihr ins Ohr: »Geht in Ordnung, Genossin. Aber wachsam bleiben – venceremos!«

Damit hat Rogoschin wohl bei der Mutter Hegemann den richtigen Ton getroffen. Jedenfalls lässt uns die Frau ohne Weiteres passieren. Was ich an diesem Tag noch nicht wissen konnte: Die permanent schlechte Laune der Frankfurter Walküre sollte bald mein Leben retten.

Nach knapp zwei Stunden Fahrt erreicht unser trauriger Transport die Totenwiederaufbereitungsanlage der »Körperwerte«-Show in der Winkelgasse in Heilbronn. Hier werden wir unseren tiefgekühlten Freund zur endgültigen Verwertung abliefern. Idefix hält den gefakten Lieferschein aus den Unikliniken Frankfurt einem Nerd im weißen Kittel unter die Nase, der ihn anweist zu warten. Gleich darauf tritt Dr. Unbehagen, der sich wie auf dem Poster in der U-Bahn mit Filzhut und Anglerweste stilecht als Joseph-Beuys-Double verkleidet hat, aus der dunkel getönten Glastür des Instituts.

»Also – wie kann man Ihnen helfen, meine Herren?«, begrüßt er uns wie drei hoffnungslose Fälle. Bevor Idefix oder ich etwas sagen können, tritt Rogoschin militärisch einen Schritt vor. Er lächelt den pathologischen Instituts-Chef treuherzig an: »Sollen sagen ganz schönen Gruß von Professor! Ist besonderer Fall, vielleicht fehlendes Stück in Sammlung, missing link. Ist groß, zwei Meter Mann. Sehr muskulös. Noch ganz frisch.« Rogoschin streicht mit den Händen an sich herunter: »So wie ich, aber nicht mehr so schön lebend. Erst paar Stunden verschlafen.«

»Dann wollen wir uns den Patienten einmal anschauen«, wendet sich Dr. Unbehagen mit schlecht verborgener Neugierde an keinen bestimmten von uns dreien. Rogoschin, in dienstbarer Haltung nach vorn gebeugt, gibt weiter den Idioten: »Jederzeit, Herr Doktor Professor, mit großen Behagen. Sehr gerne, ist kein Problem. Ist wegen Kühlkette ganze Zeit in Schrank, direkt nach Ableben in Frankfurt Universität eingeliefert. Ist registriert. War schon freigegeben für Krematorium. Fall ist abgeklärt, Schießerei im Milieu, erschossen, Verbrecher, Russe. Diese Leute kommen hierher, nur mit Plastiktüte für Gepäck. Haben nichts zu verlieren, keine Familie. Man kennt das, alles Kriminelle, machen nur …«

»Jaja, schon gut«, unterbricht Unbehagen ungeduldig den rasanten Redeschwall Rogoschins und wirft einen Blick in den auf einem Rollwagen abgestellten Kühlschrank. Dr. Unbehagen bleibt eine Weile vor dem Kühlschrank stehen und schaut auf unseren Eismann herunter. Seine Daumen und Mittelfinger öffnen und schließen sich langsam und gleichmäßig wie das Maul eines Aquarienfisches. Auf eine gar nicht gestellte Frage antwortet er: »Hm, ja, stimmt. Ja gut … das könnte gehen.«

»Nicht wahr?«, bestätigt Rogoschin, als ob er wüsste, von was Dr. Unbehagen spricht. »So großer Mann. Könnte man etwas Besonderes, etwas Künstlerisches draus machen, passt vielleicht besonders gut zu kleine Modell …«

»Bitte behalten Sie Ihren laienhaften Unsinn für sich!«, blafft Dr. Unbehagen, aus akademischen Sphären erwachend, Rogoschin an. »Bringen Sie das Modell umgehend in den Kühlraum!«

So sollten wir unseren glücklosen Samurai nie mehr wiedersehen, dachte ich. Ein gutes Jahr später stehe ich in Berlin am Kudamm vor einem Ankündigungsplakat: »Körperwerte Special – Kleine Tode, die letzten Geheimnisse unseres Sexuallebens.« Mit der Abbildung eines ausgestopften, nackten Liebespaares. Ein sehr großer Mann und eine kleine Frau, durch die Körpermitte der Länge nach aufgeschnitten. Das Präparat gibt den Blick auf die inneren Organe frei. So hat dieser Schwerstkriminelle nach seinem Ableben eine Verwendung im Sinne einer zu Ende gedachten Nachhaltigkeit gefunden.

# WAHRE KUNST VERLANGT OPFER

Ellen hat mir eine Nachricht auf dem Anrufbeantworter hinterlassen: »Hi, hier ist Ellen. Ich habe dir die Liste geschickt. Mit den Personen, die von dem Transport der Beuys-Zeichnung gewusst haben. Übrigens: Eine Menge Leute, die an der Beuys-Zeichnung interessiert sein könnten, sind Mitglieder im Frankfurter Kunstsinnigen Verein. Vielleicht hilft dir das weiter. Sehen wir uns heute Abend? Ruf mich an!«

Die Spur mit dem Frankfurter Kunstsinnigen Verein werde ich als Erstes verfolgen. Schon lange habe ich vor, dem Frankfurter Kunstsinnigen Verein beizutreten, um mich in diesen Kreis wirklicher Kunstkenner einzureihen. Online fülle ich den Mitgliedsantrag des Vereins aus und überweise den Jahresbeitrag im Voraus. Um diese besondere Ausgabe gegenzufinanzieren, werde ich den geplanten Kauf der neuen Eintracht-Fußmatten für den Opel verschieben. Wahre Kunst verlangt Opfer.

Am gleichen Abend findet eine Versammlung der Frankfurter Kunstsinnigen Vereinsmitglieder in den Räumen der Westend-Galerie Erbrecht-Spirenzi statt. Das Thema der Veranstaltung lautet: »Fünfunddreißig Jahre korrelative Kontemplation im KSV – Versuch einer Verdichtung«. Super! Das ist ein Thema, über das man sich gerne mal informiert. Um Versorgungsengpässen vorzubeugen, besorge ich mir an einer Trinkhalle zwei Bifi-Minisalami und die Bild-Zeitung. Eine halbe Stunde nach Beginn der Versammlung schlage ich in der Galerie auf. Die Veranstaltung steuert auf den Hauptprogrammpunkt zu. Im eng bestuhlten Ausstellungsraum kauern etwa hundert Frankfurter kreative Köpfe auf Klappstühlen. Die Vereinsvorsitzende, Frau Erbrecht-Spirenzi, wird den Vortragsabend moderieren. In ihre dichte Kurzhaarfrisur hat sie eine rote Lesebrille gerammt. Ein mit vier Jadeperlen geschmückter Zopf hüpft beim Sprechen auf der Schulter ihres violetten Wickelkleids.

Ein Praktikant hält mir ein Tablett mit Prosecco unter die Nase. Aus Höflichkeit greife ich ein Glas und kippe das Zeug auf Ex runter. Quer durch die Klappstuhlreihen schiebe ich mich nach vorn zum letzten freien Sitzplatz. Beim Hinsetzen fällt mir die Bild-Zeitung aus der Arschtasche. Mein Nachbar, ein Bankmensch in Anzug und Krawatte, hebt sie auf und reicht sie mir. Der Aufmerksamkeit nach zu urteilen, mit der mich die Kunstfreunde nun beehren, bin ich aufs Freundlichste im Verein aufgenommen. Als kleines Dankeschön mustere ich gewissenhaft die anwesenden Damen, um eine persönliche sexuelle Hitparade zu erstellen. Anschließend lasse ich alle Personen durch mein Sixth-Sense-Crime-Scan-Programm laufen. Mit dieser Analysetechnik lassen sich ganz easy alle Leute mit kriminellen Neigungen herausfiltern. Das Glühen meines rechten Ohrläppchens alarmiert mich prompt. Etliche der Kunstsinnigen Vereinsmitglieder sind eindeutig kriminell veranlagt. Mein Crime-Buzzer meldet pro Hundert: zweiunddreißigmal Verstoß gegen das Betäubungsmittelgesetz, neunzehnmal Steuerhinterziehung und einmal Besitz von kinderpornografischen Medien. Das ist in Akademikerkreisen ein wohl eher durchschnittlicher Wert.

Die große Vorsitzende eröffnet die Veranstaltung. Dorrit Erbrecht-Spirenzi wirft zur Begrüßung der Gäste ihre kurzen Arme in die heiße Luft. »Ja natürlich, meine Damen und Herren. Ihnen allen erst mal einen ganz, ganz herzlichen guten Abend. Wir dürfen uns heute Abend alle auf einen lieben Freund freuen. Auf einen wirklichen Kenner und Gönner zeitgenössischer Kunst. Wieder einmal mit eigenem Vortrag bei uns im Kunstsinnigen Verein Frankfurt, bitte begrüßen Sie ganz besonders herzlich: Dr. Jobst von Wehjsche. Jobst. Hallo, mein Lieber!«

Ein pflichtbewusster Kader-Applaus der Vereinsmitglieder knallt mir ins Ohr. Es wird für die gemeinsame Sache gejubelt. Wie das nun mal im deutschen Vereinsleben, vom Kaninchenzüchterverein bis zum Börsenverein, üblich ist, wenn der Hauptsponsor die Bühne betritt. Die Galeristin dirigiert die Begeisterung der eifrigen Kunstfreunde: »Ja, liebe Freunde! Wunderbar! Ich habe heute Abend noch eine großartige Nachricht für Sie. Dr. von Wehjsche ist es in diesem Sommer gelungen, einen der renommiertesten internationalen Künstler mit seiner aktuellen Performance ›What have you done for me lately‹ in den Kunstsinnigen Verein Frankfurt zu locken. Ein wirkliches Schwergewicht des internationalen Art Markets, ja man möchte sagen, *der* Vertreter des Contemporary Pressure Painting. Um nur zwei Hausnummern zu nennen: Platz zwei beim Sotheby's Newcomer-Ranking 2010 und Träger der Medaille ›Pour le Marotte‹ auf der BIENNALE 2012. Sie wissen alle, wen ich meine, richtig, es ist der koreanische Künstler Wah Rum Daht!«

Die Kunstsinnigen applaudieren erneut, dass es nur so scheppert. Der liebe Jobst von Wehjsche wird von der Galeristin so tüchtig geherzt, dass auf seinem Brillenglas ein dicker Fettfleck zurückbleibt. Wenn dieser Sugardaddy des Vereins finanzkräftig genug ist, schwergewichtige Koreaner einfliegen zu lassen, hat er möglicherweise auch das Geld, einen Beuys klauen zu lassen.

Von Wehjsche, der Kunstfreund in Spendierhosen, startet seine Ansprache. Sein dickes Redemanuskript lässt Schlimmes befürchten. »Guten Abend, liebe Freunde.« Jobst räuspert sich. »Wie Sie alle wissen, formulieren wir seit mehr als fünfunddreißig Jahren im Kunstsinnigen Verein Frankfurt korrelative Perspektiven. Nicht zuletzt, um einem zunehmend signifikant dysdeterminierten Publikum sensuelle Erfahrungen zu verdinglichen. Aber war es nicht schon immer der imponderabele Gestus des Tastenden, dem unsere Empathie ein gut Stück weit geschuldet ist? Selbstverständlich impliziert gerade dieses …«

An dieser Stelle verabschiede ich mich als Zuhörer. Ich bin froh, dass ich die Bild-Zeitung dabeihabe. Ich weiß den unmissverständlichen Stil dieser Tageszeitung wirklich sehr zu schätzen. Hier kann ich mich objektiv über Lothar Matthäus und seine problematische Beziehung zu dem russischen Topmodel informieren. Okay, zugegeben, die Geschichte ist vielleicht nicht mehr ganz neu. Sie gewinnt aber ohne Zweifel durch die ungeklärte Rechnung über die Brustvergrößerung des Topmodels an Aktualität. Kaum aufgeschlagen, hängt mein Nachbar, der Banker, über der Zeitung und studiert den Untertitel des Fotos des Bild-Girls des Tages.

Gerade lese ich etwas über einen Mehrfachmord in Rosenheim, mit Fotos, Namen und Adressen von zwei Tatverdächtigen aus der Nachbarschaft, als Herr von Wehjsche an mich herantritt. Der Kunstprimus hebt seine Stimme, zieht die Stirne kraus und feuert mit seinem Zeigefinger Blitze des Missfallens auf mich ab: »Glücklicherweise, ich sage ausdrücklich *glücklicherweise*, bleibt es dennoch unser internales Diktum in einer binär codierten Gesellschaft regressive Subfelder durch Unterminierungsakte als Rückzugsorte zu institutionalisieren. Kurz gesagt: Der Imperativ kuratorischer …«

Ich widme mich wieder meiner Lektüre. Beim Blättern zum Sportteil mit den Eintracht-Nachrichten wische ich meinem Banker-Nachbarn aus Versehen mit der Zeitungsseite übers Gesicht. Als Kavalier der Frankfurter Schule biete ich ihm als Entschuldigung eine meiner beiden Bifis an. Er zögert einen Moment. Dann zeigt er mir ein offenes Lächeln und greift sich eine. Ich spüre, dass ich mit der leckeren Minisalami einen neuen Freund gewonnen habe. Manchmal ist das Leben so großartig wie ein TV-Werbespot.

Der letzte Brocken Salami hängt mir noch zwischen den Zähnen, da meldet mein Crime-Buzzer eine extrem negativ geladene Energie im Raum. Ich drehe mich um und richtig: Hinter mir sitzt der diabolische Fredo Friedelstein. Seine Botox-Lippen formen ein hämisches Grinsen.

Jobst von Wehjsches Ansprache ist zu Ende. Nachdem die Vereinsmitglieder ihren Pflichtapplaus geleistet haben, greift sich die Galeristin Erbrecht-Spirenzi das Mikrofon: »Wie ich sehe, können wir heute auch neue Freunde in unserer Mitgliederversammlung begrüßen. Sie sind doch ein Mitglied, Herr … Darf ich mal fragen, Herr …?«

»McBride, Jürgen McBride. Seit heute Mitglied, Euer Ehren.«

»Herr McBride. Sehr schön. Dann herzlich willkommen! Damit wir uns besser kennenlernen, Herr McBride, dürfte ich Sie bitten: Was sind denn Ihre Erwartungen an den Kunstsinnigen Verein? Vielleicht gewähren Sie uns auch ein Stück weit Einblick in Ihre Vita. Wir sind alle gespannt auf Ihre Konnotationen.« Dorrit blickt in den Mitgliederkreis. »Nicht wahr?«

Stille. Auf diesen Moment habe ich ein Leben lang gewartet. Endlich darf ich meinen angeborenen Kunstsinn vor einem verständigen Publikum präsentieren. Ich weiß gar nicht, wo ich anfangen soll. Sollte ich zuerst mein Talent beim gewissenhaften Ausmalen von Laubsägearbeiten in der Grundschule erwähnen? Oder die durchwachten Nächte, die ich mit Abpausen von aus der Pfarrei-Bücherei entliehenen Bildbänden über Salvador Dali verbracht habe? Ich berichte über die während meiner Pubertät aufkeimende Liebe zum größten aller Maler, dem unvergleichlichen Gustav Klimt mit seinen halbnackigen Halbgöttinnen. Ungenannt bleiben darf selbstverständlich nicht bleiben meine erste wirkliche Auftragsarbeit: die künstlerische Ausgestaltung des Unteroffizierskasinos des dritten Feldartillerie-Bataillons einunddreißig in der Scharnhorst-Kaserne zu Lüneburg während meiner Wehrpflichtzeit. Mit Fachwerkmotiven aus meiner osthessischen Heimat. An dieser Stelle lacht Fredo Friedelstein laut auf. Die Galeristin Erbrecht-Spirenzi starrt mich entgeistert an. Die Kunstsinnigen-Gemeinde tuschelt oder blickt betreten zu Boden. Der Banker-Nachbar schüttelt den Kopf. Mein detektivisch geschulter Instinkt sagt mir: Irgendwas läuft gerade nicht rund. Ratlos schaue ich zu meinem neuen Bifi-Kumpel rüber. Der raunt mir ins Ohr: »Das mit Gustav Klimt hättest du weglassen können. Den Rest besser auch.«

Nach der Veranstaltung verlaufen sich die Vereinsmitglieder in der Frankfurter Nacht. Der Bifi-Kumpel und ich lassen den Abend in der »Mutter Ernst«, einer Innenstadt-Kneipe, bei einem Schoppen Apfelwein ausklingen. Ich erfahre, dass mein brandneuer Freund der Chef der Süd-West-Europa-Abteilung der Commerzbank, Franzose ist und Yves Ney heißt.

»Wie kommst du eigentlich zum Frankfurter Kunstsinnigen Verein?«, will Yves wissen.

»Wie ich vorhin erzählt habe, ich bin großer Kunstliebhaber. Na ja. Ehrlich gesagt, ermittle ich in einem Fall, der mit Kunst zu tun hat. Ein Kunstraub. Da knüpfe ich hier ein paar Kontakte.«

»Etwa in dem Fall der gestohlenen Beuys-Zeichnung?«

»Du hast davon gehört?«

»Die Frankfurter Kunstszene kennt kein anderes Thema mehr. Erst recht, nachdem Körner, der Chef vom IAC, am Eisernen Steg erschossen worden ist.«

»Er war der Chef der International Art Consultants? Ich dachte, er wäre nur Partner gewesen?«

»Soweit ich weiß, hatte er die Unternehmensleitung. Hast du seine Partnerin, Ellen von Unschwer, schon kennengelernt?«

»Ja. Kurz. In der Besen… äh … in ihrem Büro. Sie ist meine Auftraggeberin.«

Nach einem letzten Äppler tauchen wir aus der gemütlichen Kneipe in die kalte Frankfurter Neonnacht ein. Im Halbdunkel rempelt Yves aus Versehen eine junge Frau an.

»Hast du keine Augen im Kopf, du Wichser?«, schnauzt ihn das Großstadt-Girl an.

»Excusez-moi, mademoiselle.«

»Kauf dir deine Mademoiselle! Isch mach dich Krankenhaus!«

»Pardon, mit wem habe ich das Vergnügen?«, antwortet Yves für Frankfurter Verhältnisse eine Spur zu höflich. Er hat keine Lust, diese Situation ernst zu nehmen. Da lässt das Girl aus ihrem Feuerzeug eine Stichflamme aufschießen, die sie vor Yves' Gesicht hält.

»Schau genau hin, du bitch. Das ist das Letzte, was du siehst, nachdem JLO dich gefickt hat.«

Im Lichtschein erkenne ich Jennifer Ludendorf, die Anführerin der Mainhattan Bitch Boys. Eine der zahllosen Jugendgangs aus Frankfurt, der Hauptstadt des Verbrechens, des Geldes und der fehlenden menschlichen Wärme. Hinter JLO baut sich die Truppe der Mainhattan Bitch Boys auf. Einige der Guys sind mir noch aus meinem aktiven Polizeidienst bekannt.

Als Berufsjugendlicher und Vertreter der Achtundsechziger-Nachfolgegeneration weiß ich genau, wie man mit diesen orientierungslosen jungen Menschen umgehen muss. Der Trick ist ganz einfach: Man spricht die Jugendlichen in ihrem gewohnten Slang an. Natürlich beherrsche ich die Sprache der Teens von heute besser als die jungen Leute selbst. Schließlich updatete ich mich regelmäßig mit den Songtexten von Bushido und Haftbefehl. Außerdem hilft mir die Street Credibility enorm, die ich mir in den Smashing Nineties in der

Bronx und an anderen sozialen Brennpunkten in Osthessen erworben habe. Wenn die Youngsters den reiferen Kommunikationspartner erst einmal als einen der ihren akzeptiert haben, ist es für sie meist eine Riesenerleichterung, sich offen aussprechen zu dürfen. Immer wieder erlebe ich es, wie dankbar die Augen der jungen Menschen nach so einem Gespräch aufleuchten. Im Prinzip nutze ich die gleiche Mechanik, mit der ich damals als Austauschschüler Seite an Seite mit dem New Yorker Bürgermeister Guiliani ganz Manhattan befriedet habe. »He is just the greatest dancer«, sangen uns damals Sister Sledge auf dem Open-Air-Concert im Central Park aus Dankbarkeit. Aber jetzt ist keine Zeit für sentimentale Erinnerungen. Chillig starte ich den Talk: »Ey, kids! Mega, dass ihr das Mainhattan Nightlife in der Community abcheckt. Ein bisschen Gönnung ist nice. Aber, come on, eure Performance hier, die ist echt edgy. Und du, JLO, du musst langsam mal delivern! Denk an deine Mutter. Die ist massiv auf dem Strich gelandet.«

Doch ich habe die Diskurs-Bereitschaft der jungen Leute wohl überschätzt. Völlig unerwartet leitet die Gangleaderin JLO eine Gewaltorgie ein, die erst durch das beherzte Eingreifen meines neuen Freundes Yves ein Ende finden sollte. Aber der Reihe nach.

Auf einen Wink von JLO greifen die Gangmitglieder Finn-Jason und Jeremy-Pascal an. Finn-Jason drischt mit seinem Baseballschläger nach meinem Kopf. Laser-Limbomäßig tauche ich unter dem Schlag weg. Jeremy-

Pascals feuert einen Karatetritt ab, der rechts außen im Abendland verpufft.

Noch zögere ich, back zu fighten. Zögere noch, das unbarmherzige Gesetz der Straße anzuwenden. Das tödliche Spiel zu spielen, bei dem es keine zweiten Sieger gibt, sondern nur Verlierer. Noch lasse ich sie nicht erklingen, die mitleidlose Melodie der Hauptstadt des Verbrechens. Den traurigen Frankfurt-City-Blues. Irre vor Wut stürzt sich Gangmitglied Jeremy-Pascal auf mich. Seine Arme schrauben durch die Luft wie Hubschrauberrotoren. In dem Schlaghagel gelingt ihm ein Treffer auf meine untere Rippe. Not bad, young boy. But now it's time für deinen Recall! Mein ansatzlos abgefeuerter Punch reicht, um dem Knaben wie eine Boden-Luft-Rakete durch die Gegend sausen zu lassen.

JLO hat es von Anfang an auf Yves abgesehen. Hass auf den ersten Blick. »Ich mach dich Messer, Alder!«, schreit die Großstadtamazone und fuchtelt mit Springmesser und Miniflammenwerfer vor seinem Gesicht herum. Yves tritt mit seinem Lackslipper zu und lässt Jennys Messer aus der Hand fluppen. Er schnappt sich das Handgelenk mit dem Feuerzeug. Jennifer windet sich. Ihr Pferdeschwanz wirbelt umher. Plötzlich stehen ihre blonden Plastik-Extensions in Flammen. Yves reagiert sofort. Der smarte Franzose schüttet Jennifer die Literpulle Apfelwein, die er sich bei »Mutter Ernst« hat abfüllen lassen, über den Kopf. Der Guss mit der vertrauten Apfelweinspezialität beruhigt die Frankfurter Raubkatze augenblicklich. JLOs Extensions sind bis auf Streichholzlänge runtergefackelt. Ebenso unvermittelt, wie der Gewaltexzess begonnen hat, findet er ein Ende. Die Mainhattan Bitch Boys trollen sich auf einen Wink von JLO in die Frankfurter Nacht. Einem neuen Abenteuer entgegen. – Gute Nacht und alles Gute, liebe Jugend 2013.

# PFLÜCKE KEINE BLUMEN AM STRASSENRAND, WENN DU ZUR GÄRTNEREI UNTERWEGS BIST

»So eine Diskussion macht hungrig, n'est-ce pas? Hättest du Lust, ein kleines Déjeuner à la nuit einzunehmen, Jourgen?«

»Warum nicht? Ich könnte einen Happen vertragen.«

Yves zieht sein iPhone 9, für das er seinen Praktikanten zwei Wochen in Santa Monica vor dem Apple-Shop hat anstehen lassen, aus der Tasche: »Bonsoir, chérie. Je conduis à la maison maintenant et j'apporte un nouveau copain. Tu nous fais quelque chose de petit à manger? Nous avons beaucoup de faim.«

Yves spricht im lässigen Tonfall der Sud-Ouest-Bonbongne. Aber ich kann ganz gut folgen. »Bon, allez hop, mon ami«, fordert mich Yves mit einem Schulterklaps auf. Mein Opel GT bringt uns in das Nobelviertel Frankfurt-Niederrad nahe der Pferderennbahn.

Ein Eisentor öffnet sich zu einem nach französischer Machart mit weißen Friedhofskieseln bestreuten Parkweg, der zu einer Gründerzeit-Villa führt. Oben auf den Stufen der Freitreppe wartet das Hausmädchen und schreitet durch eine Zimmerflucht mit Flügeltüren uns voran. Ihr Spitzenhäubchen wippt kokett auf ihrem reizenden, dem breiten Gesichtsschnitt nach zu urteilen, normannischen Köpfchen. »La mangerie est preparée, les messieurs«, haucht sie mit weich hängendem P. Jetzt bin ich mir ganz sicher, dass es sich bei dem Hausmädchen um eine Heckenrose, eine sogenannte »rose d'hecg« aus der Normandie handelt.

Die Perle vom Atlantik öffnet uns den Speisesaal. Fünf Dutzend Kerzenleuchter tauchen den mit einer dunkelgrünen Wandbespannung und weißem Deckenstuck im Louis-quatorze-Stil gestalteten Raum in ein warmes Licht. Im handballtorgroßen Kamin aus Ferrari-Marmor lodert ein Feuer aus dicksten Stücken des Christbaums vom Frankfurter Weihnachtsmarkt. An der mit Silberbesteck gedeckten Tafel haben bereits die zwei schönsten Frauen der Welt Platz genommen, um uns Gesellschaft zu leisten. Eine der beiden Überirdischen ist Yves' Ehefrau. Eine Asiatin mit dem unerhört exotischen Namen Mai Ling. Große, schräge Mandelaugen leuchten unter ihrem blauschwarzen Pony hervor wie aus einer Manga-Zeichnung. Ihre zarte Haut ist hell und durchscheinend wie auf Zedern gefallener

Schnee. Mit ihren vollen, etwas vorstehenden Lippen würde Mai Ling sich als Model für die Mampfszenen der TV-Spots von Ferrero Rocher oder Edle Tropfen eignen, bei denen süße Snacks von schneeweißen Schneidezähnen schnabuliert werden und schwarze Schokoladenkrümel an schnuckeligen Schnuten haften bleiben.

Mai Ling begrüßt mich mit einem königlichen Kopfnicken. No wonder. Beim Aperitif erfahre ich, dass es sich bei Yves' Frau um eine Urenkelin des letzten japanischen Kaisers Hirohito handelt. Die zweite Tischdame wird mir als Yves' jüngere Schwester Josefine vorgestellt. Sie sieht so verdammt gut aus, dass mir von ihrem Anblick die Augen tränen. Josefine steckt uns alle mit ihrer kindlichen Unbeschwertheit an. »À la vôtre«, toastet sie ein ums andere Mal in die Runde und stürzt den Châteauneuf du Pape auf Ex hinunter. Zwischenzeitlich sind auch der Gärtner, der Chauffeur, der Koch und das Hausmädchen an den Esstisch gebeten worden, um auf mein ganz Spezielles anzustoßen. Zweifellos eine große republikanische Geste, wie sie der Grand Nation wieder mal zur Ehre gereicht. Möge sich durch diesen heiteren Umtrunk das starke Band der deutsch-französischen Freundschaft um einen weiteren Bindfaden festigen.

Der Mitternachtsimbiss im Hause des Bankiers Yves Ney ist von ausgesuchter Delikatesse. Nach einem Salade niçoise wird der Hauptgang, ein »Poulet à la St. Benoist« serviert. Dies ist ein gefülltes Mais-Hähnchen, dessen zartes Fleisch beim Garen von innen mit einem Aroma von Sellerie, Blattpetersilie und Rauchspeck durchdrungen wird. Diese Zubereitung lässt einen unvergleichlichen Soßenfond entstehen. Als ich schon lange satt bin, peile ich noch nach den Resten auf den Platten.

Das Dîner ist zu Ende und ich werde von dem Hausdiener durch den Park zum Gästehaus geleitet. Im Schlafzimmer werfe ich mich auf das französische Bett. Ich lasse den Tag noch einmal Revue passieren und grinse im Halbdunkel mein Kopfkissen an, ohne dass die Welt daran teilhaben darf. Aber bin ich wirklich allein in dem Zimmer? Wahrhaftig. Zeichnet sich da nicht im Gegenlicht der bodentiefen Fenster die Silhouette einer splitternackten Amazone ab? Sollten mir meine Fantasie und die vom Nachtwind bewegten Vorhänge einen Streich spielen? Heiliger Bimbam! Ehe ich mich vergucke, gleitet ein Frauenkörper unter das Seidenlaken des Bettes. Eine Stimme haucht kichernd: »C'est moi, hihihi.«

Josefine! Ich fasse es nicht! Wieder lässt sie dieses Kichern hören, weswegen man sich am liebsten direkt in die Psychiatrie einweisen lassen möchte. »Aber was soll das denn werden, ma chérie?«, versuche ich die Situation nicht auszunutzen.

»Rien, mon petit chou. Tiens!« – und schon berührt ihre schlanke Hand wie aus Versehen …

+++Hinweis: Da es mir als Autor sehr, sehr wichtig ist, dieses Buch gerade jungen Menschen zugänglich zu machen, um ihnen zu helfen, zu kritischen Mitbürgern heranzureifen, muss ich einige Szenen leider in verschlüsselter Form darstellen. Begriffe, die primäre und sekundäre Geschlechtsorgane sowie deren Nutzungsmöglichkeiten betreffen, werden nachfolgend mit *Dinkel, Hirse, Tofu* oder *Soja* substituiert. So kann dieser Tatsachenbericht meinem Grundsatz treu bleiben, nichts als die Wahrheit zu erzählen, ohne Gefahr zu laufen, wegen jugendgefährdender Schriften indiziert zu werden.+++

Josefines Atem dringt heiß in mein Ohr. Zögernd noch reibt sich ihre *Hirse* wie ein reifer *Tofu* an meinem *Dinkel.* Ihr geflüstertes Bekenntnis »Je veux toi maintenant!« lässt mich den Rest an Contenance, die ich hier als Gast schuldig zu sein glaube, über Bord werfen. Schließlich bin ich auch nur ein *Soja* mit einem ganz normalen *Dinkel.* Also ran an die *Hirse!* Mittlerweile hat sich Josefine konsequent Richtung *Dinkel* vorgearbeitet.

»Oh, là, là!«, stöhne ich cosmopolitolingual auf.

»Mais oui!«, antwortet die *Soja* mit französischer Selbstverständlichkeit. Hoch aufgerichtet steht nun mein *Dinkel* wie die vertikalen Prachtbauten, die mit deutscher Ingenieurskunst im Nahen und Fernen Osten errichtet werden.

Josefine fleht mich mit aufgerissenen Augen an. »Oui, je t'aime à la folie!«, schreit die von meinem *Dinkel* grandios Bespielte nunmehr auf. Wie weiland Jane Birkin unter dem europaweit bekannten Schwerenöter Serge Gainsbourg.

Erinnerungen an gute alte Zeiten, als der Trans-Europ-Express noch dampfbetrieben durch die Alpentunnel rauschte, werden wach. Als wir es endlich schaffen, voneinander zu lassen, tapse ich in Richtung Badezimmer. Da spricht Josefine ihre ersten jemals in deutscher Sprache geäußerten Worte: »Isch will disch, Jourgen!« Mit einer spontanen Bewegung drehe ich mich zu ihr um. Dabei durchschlägt mein *Dinkel* die Scheibe des Feuermelders neben der Badezimmertür. Sirenengeheul ertönt. Scheinwerferlicht blendet durch die Fenster. Das alarmierte Personal, der Chauffeur und das normannische Hausmädchen stürzen ins Gästehaus. Ich schnappe mir zwei Sofakissen, um meine Blöße zu bedecken. Josefine hat sich ein Bettlaken übergeworfen und steht mit verschränkten Armen mitten im Raum.

»Nous ne voulons pas en faire une grosse affaire. Ce n'est rien, il n'y avait qu'un petit défaut électrique. Maintenant laissez-nous tranquille. Merci«, entlässt Josefine die Angestellten, die sich schulterzuckend trollen. Im Vorbeigehen zwinkert mir das Hausmädchen zu. Diese Person scheint mehr zu wissen, als sie sagt. Sie wird bei nächster Gelegenheit noch genauer zu überprüfen sein. Aber wie sagt schon der große Vorsitzende: »Pflücke keine Blumen am Straßenrand, wenn du zur Gärtnerei unterwegs bist.«

Das ist ein ereignisreicher Tag gewesen. Josefine ist eingeschlafen. Draußen auf der Veranda ziehe ich mir zwei Camel ohne und ein letztes Glas Remy Martin aus der Hausbar rein. Dann ist endlich Ruhe im Karton. Und ich wüsste offen gestanden auch nicht, was ich sonst noch treiben könnte, um mein ständiges Gefühl des Unausgefülltseins loszuwerden.

# DAS HOROSKOP AUS DER BILD-ZEITUNG

Als ich am Vormittag im Gästehaus aufwache, ist der Platz neben mir leer. Draußen im Park öffnet mir der Gärtner das Tor zur Niederräder Landstraße. Zum Frühstück bringt mich der Opel GT zur Trinkhalle am Leipziger Platz in Bockenheim. Ich bestelle eine Rindswurst, einen Kaffee und eine Tageszeitung. An dieser Trinkhalle hat man die Auswahl zwischen drei Frankfurter Tageszeitungen. Von »fast richtig« über »gut geträumt« bis zu »glatt gelogen«. Ich verzichte auf die FAZ und die Rundschau und wähle die Bild Frankfurt. Die Verbrechensmeldungen muss man in der Bild nicht lange suchen. Fett schreit mir auf Seite drei die Schlagzeile entgegen: »Ja wie pervers ist das denn? Doppelmord am Eisernen Steg!« Unterzeile: »Golden-Retriever-Weibchen samt Herrchen durch Kopfschüsse hingerichtet!« Weiter unten im Text ein ausführlicher Augenzeugenbericht: »Am Samstagmorgen machte die Frankfurterin Sabine D. beim Gassigehen mit ihrer aus einem spanischen Tierheim adoptierten Mischlingshündin Clara eine grauenvolle Entdeckung. Sabine D. (46), Ohrenärztin aus Sachsenhausen: ›Clara war an diesem Morgen anders. Clara spürt sofort, wenn irgendwas nicht stimmt. Ich spüre das dann auch. Am Eisernen Steg hat sie sich losgerissen und ist zu einem anderen Hund gelaufen. Einem Golden Retriever. Aber der hat gar nicht reagiert. Das ist mir gleich aufgefallen. Normalerweise verstehen sich fremde Hunde mit Clara nämlich sehr gut. Ich bin zu den beiden rüber. Da habe ich gesehen, dass der Retriever eine blutende Wunde zwischen den Augen hatte und tot war. Genauso wie sein Herrchen. Das war auch tot. Dann habe ich die Polizei angerufen.‹ Soweit Bild bekannt ist, handelt es sich bei dem Getöteten um Johannes W. Körner, den Inhaber einer Beratungsagentur für die Vermittlung von Kunstwerken aus Bad Homburg. Johannes W. Körner hinterlässt einen weiteren Hund aus erster Ehe.«

Das Horoskop der Bild-Zeitung informiert mich auch über den weiteren Ablauf des heutigen Tages. »Liebe: Venus ist aus dem Häuschen. In allen vier Ecken soll Liebe drin stecken. Gesundheit: Sie sind in Topform. Aber riskieren Sie keine Verletzungen. Ihr rechtes Ohrläppchen macht Ihnen wieder Schwierigkeiten. Beruf: Saturn kreuzt. Trennen Sie besser Berufliches und Privates.«

Ich bin mir nicht ganz sicher, aber habe ich dasselbe Horoskop nicht letzte Woche in der Gala beim Friseur gelesen? Die Treffsicherheit dieser kosmischen Tipps erstaunt mich jedes Mal aufs Neue. Woher wissen die das mit dem Ohrläppchen? Gesundheitlich riskiere ich beim Rumstehen an der Trinkhalle keine Verletzungen. Liebestechnisch sind in den letzten vierundzwanzig Stunden genug Häuschen besucht worden. Bleibt der gute Ratschlag: »Sie sollten Berufliches und Privates besser trennen.« Das werde ich demnächst bestimmt bald mal machen. Vorher will ich nur noch ganz kurz meine Auftraggeberin anrufen. Einen Wimpernschlag nach dem ersten Klingelzeichen nimmt Ellen ab.

»Jürgen, endlich! Ich habe so auf deinen Anruf gewartet«, seufzt die attraktive Geschäftsführerin vor Sehnsucht massiv mental derangiert.

»Moi aussi ... ich meine, mir ging's genauso, Ellen. Was ich disch fragen möschte, ma chérie, kannst du mir den Dienstplan deiner Agentur von die letzte Woche schicken? Auch den der freien Mitarbeiter? Das würde mir sehr helfen, bien sure.«

»Natürlich, werde ich veranlassen. Warum sprichst du dieses Kauderwelsch aus Deutsch und Französisch ... Geht es dir auch wirklich gut, Jürgen?«

»Ah, oui, chérie, isch habe eine petit Gong auf den Kopf bekommen, c'est la vie. Weil ich sozusagen dreisprachig bin, you know, komme ich da jetzt ein bisschen durcheinander.«

»Oh!«, sorgt sich meine Auftraggeberin.

»Nicht weiter schlimm, Ellen. Könntest du die Liste selbst verschicken? Am besten so, dass es niemand mitbekommt.«

»Hast du etwa jemanden aus unserer Agentur unter Verdacht?«

»Nein. Es gibt noch keine konkreten Verdachtsmomente. Ich ermittle im Umfeld deiner Agentur, des Kunstsinnigen Vereins und der Commerzbank.«

»Okay. Bitte pass auf dich auf.«

»Mach ich, Baby, du auch auf dich. Vergiss nicht, wir haben es mit hundsgemeinen Mördern zu tun!«

Nach einer Viertelumdrehung des Zündschlüssels bellt der Motor meines Opel brutal auf. Die Maschine lechzt danach, dem Frankfurter Asphalt den eigenen harten Stempel aufzudrücken. Wie ein brunftiger Wasserbüffel röhrt der Wagen, als er die Frankfurter Luft durch die Einlassklappen seines Vergasers einströmen lässt. Als könne er es nicht erwarten, sie mit dem guten Super-Benzin zu einem hoch entzündlichen Gemisch zu zerstäuben, um sie in der unzerstörbaren Brennkammer eines Opel-Vierzylinders zur Explosion zu bringen. Um jene typische Melange aus Energie und Ästhetik auf die Straße zu werfen, die von jeher einer beschleunigenden Opel-GT-Karosse die ungeteilte Bewunderung der sehenden und hörenden Erdenmenschheit abgezwungen hat.

Hinter uns rotzt der Kies im weiten Bogen aus dem Gehweg neben der Trinkhalle weg, als wir in die Leipziger Straße einstechen. Zitternd reagiert der GT auf das leiseste Antippen des Gaspedals. Welcome to the machine! Kurs Nordnordost.

Am frühen Abend parke ich vor der Art-Consultant-Agentur in Sichtweite des Ausgangs. Um kurz nach achtzehn Uhr verlassen die meisten Mitarbeiter die Agentur. Zielperson Marie Gascoigne steigt in ihr Mini Cabrio. Wir hängen uns an ihre Hinterräder. Während der Fahrt durch Bad Homburg schaut sie immer wieder in den Rückspiegel. Anders als in Kriminalfilmen, in denen sich Detektivautos über zig Kilometer an das Heck verfolgter Fahrzeuge kleben, ohne bemerkt zu werden, checkt in Wirklichkeit jeder Blindfuchs nach spätestens fünf Minuten, wenn jemand mit Absicht hinter einem herfährt. Oder liegt das nur an meinem orangen GT?

Als unsere Autos an einer Ampel zum Stehen kommen, telefoniert sie. Am Stadtrand von Bad Homburg erreichen wir ein parkähnliches Gelände, das Brahma Rescue Center. Hier draußen ist es, bis auf die entfernten Startgeräusche der Jets vom Frankfurter Flughafen, vollkommen still. Vor dem Wellness-Sanatorium wiegen sich violette Fahnen mit chinesischen Schriftzeichen im Abendwind. Marie Gascoigne fährt an die Eingangsschranke, die sich selbsttätig vor ihr öffnet und wieder schließt. Ich steuere den Opel GT hinter ihr an die Schranke. Aus der Gegensprechanlage knarzt es: »Herzlich willkommen. Was können wir für Sie tun?«

»Einen Big Mac, eine große Pommes und eine Cola Zero ohne Eis, bitte!«

Funkstille. An der Ansage haben die Kollegen erst mal zu knabbern. Nach kurzer Bedenkzeit meldet sich aus dem Lautsprecher eine andere, jetzt männliche Stimme: »Guten Abend. Die Bestellung für Industrienahrung ist ein Scherz, nicht wahr? Was führt Sie denn zu uns?«

»Ihr Institut wurde mir empfohlen. Ich möchte mein Kundalami-Zentrum aktivieren und dem Hüter meines Lichtkörpers begegnen.« Diesen saublöden Satz habe ich mir heute Morgen zusammengegoogelt.

»Bitte fahren Sie vor, nach hundert Metern links bis zum Parkplatz. Dort gegenüber ist unser Check-in.«

Ich parke und checke zwischen zwei goldenen Plastikbuddhas ein. Ein pakistanischer Jüngling im Nachthemd und Bastlatschen begrüßt mich wie einen wiedergefundenen Freund.

»Wie schön, dich bei uns zu sehen«, plappert die esoterische Servicekraft drauflos. »Mein Name ist Omo Ata Vim, aber nenn mich einfach Omo«, stellt er sich vor. »Bei uns im Brahma Rescue zählen Namen oder Titel nichts.« Omo Ata Vim reicht mir freundlich die Hand.

»Ich heiße Jürgen«, sage ich und schüttele kräftig seine Hand. »Titel habe ich keine und bin schon froh, wenn keiner meinen Nachnamen durch falsche Betonung vermurkst.«

»Okay. Ich werde dich also Jürgen nennen, solange du noch keinen neuen Namen hast.«

»Wieso, braucht man hier einen neuen Namen?«

»Wir, äh, also alle, die schon länger hier sind, also die Mitglieder, wir erhalten alle nach dem zweiten Initial Resetting einen neuen Namen. Damit wir ohne den Ballast unserer Personal History den Weg zur Lichtwesenheit beschreiten können.«

»Wenn ich so weit bin, wären mir dann aber Biersorten lieber als Reinigungsmittel.«

Omo reagiert auf diese Bemerkung mit einem feinen, typisch fernöstlichen Lächeln, das für uns Nordeuropäer immer unergründlich bleiben wird. Eben weil es imstande ist, sich wie ein schöner fremder Schmetterling in den blauen Äther der Erkenntnis zu schwingen. Während unsereins als heimischer Kartoffelkäfer unten auf der Ackerscholle kleben bleibt und nur doof hinterherglotzen kann.

Die positive Strahlung im Brahma Rescue Center zeigt sofort Wirkung. Alles erscheint hier so viel bedeutungsvoller als an meiner Stamm-Trinkhalle in Frankfurt-Bockenheim. Ich folge Omo Ata Vim durch einen nicht nur sauberen, sondern reinen Flur. Der Gang öffnet sich zu einem Raum, in den die Vorabendsonne wie in einem barocken Landschaftsgemälde in schrägen Strahlen einfällt. In einem dieser Sendstrahlen sitzt eine ritterliche Gestalt in einer Kissenburg. Der Ritter mit den dunklen Locken kommt mir irgendwie bekannt vor. Wahrhaftig, ich kenne den Mann. Aus meinen Zeiten als Bravo-Leser. Ja leck mich am *Tofu*! Keine zehn Meter vor mir sitzt allen Ernstes der weltberühmte Interpret gefühlvoller Pop-Balladen aus dem vergangenen Jahrtausend. Es ist niemand anderes als der Pop-Gigant Cat Stevens.

Cat dreht sich zu mir um und schaut mich aus seinen tiefbraunen Augen mit diesem umflorten Blick an, wie ich ihn von seinen Plattencovern kenne. Unsere Blicke bleiben lange aneinander haften. Unglaublich, dass ich einmal hier am Stadtrand von Bad Homburg, sozusagen am *Tofu* der Welt, erleben darf, dem Idol meiner Kindertage, dem Gustav Klimt der Popmusik, dem großartigen Cat Stevens ins Auge zu schauen! Was wiederum Cat antreibt, sich so intensiv mit mir zu beschäftigen, sollte ich erst später erfahren.

Es ist Cat, der unser Schweigen mit seiner warmen Stimme bricht. Er spricht mich in akzentfreiem Deutsch an: »Was führt dich zu uns, Jürgen?«

»Du kennst meinen Namen, Cat?«

»Wir haben dich erwartet.«

»Wer *wir*?«

»Alle, die in unserem Kreis ihr transpersonales Selbst hinter sich gelassen haben, um Ich zu werden und Wir zu sein.«

»In Ordnung. Ist Marie-Claire Gascoigne eigentlich bei euch Mitglied?«

»Nun … wenn du so willst.«

»Ich will gar nichts«, entgegne ich.

Cats Augen leuchten auf. »So sei mir willkommen!« Cat erhebt sich und schließt mich in seine Arme. »Ich bin überzeugt, dass du uns schon sehr bald auf dem Weg zur ewigen Wesenheit des Nichts folgen wirst.«

»Danke, Cat. Ähem, bitte halte mich jetzt nicht für unhöflich, aber ich muss jetzt mal direkt fragen: Was macht ein Top-Star der Pop-Musik wie du in so einem Kaff wie Bad Homburg?«

Cat schmunzelt wie ein Koalabär beim Trostpreiseverteilen: »Da muss ich dich enttäuschen, ich bin leider nicht Cat Stevens. Ich werde oft mit ihm verwechselt, obwohl ich einige Jahre jünger bin als dieser US-amerikanische Unterhaltungsmusiker. Die Verwechslung beruht wohl auf einer Wunschprojektion. Aber du wirst schon nach deinem ersten Clearing erleben, wie der Schleier des Oberflächlichen zerreißt und du den Ätherleib eines jeden Mitgeschöpfs in seiner Einzigartigkeit und Schönheit vor dir sehen kannst.«

Gefangen im Zauber des Jetzt und Hier stehen wir uns sprachlos gegenüber. Cat Stevens Haselnussaugen fressen sich wie Spulwürmer in mein Zentralhirn. Mein eigener Wille faded mehr und mehr aus. Cat verkündet: »Mein Name ist Eon Tui Axa.«

Nach dieser umwerfenden Neuigkeit heißt es: »Lass dich fallen, Jürgen.«

Mich umfängt eine kosmische Leere. Ähnlich der Leere, die ich empfinde, wenn die Eintracht zu Hause verloren hat. Ich falle ins Bodenlose. Nach einer gefühlten Ewigkeit tritt Eon an mich heran. Er neigt seinen Kopf nach vorn, bis seine Stirn meine Stirn berührt. Dieser intime Moment wird noch durch die mangelnde Zahnhygiene von Cat Axa potenziert. Eon flüstert bedeutungsvoll: »Teile deinen Schmerz mit mir.«

Um die gleichgeschlechtlichen Intimitäten mit dem falschen Cat nicht fortsetzen zu müssen, entgegne ich vorsichtshalber nichts auf die sicherlich gut gemeinte Aufforderung und drehe mich zur Seite. Mir ist schwindelig. Von irgendwoher taucht in mir eine Erinnerung an eine Begegnung mit dem leider früh verstorbenen Michael Jackson auf. Den habe ich zwar nur aus hundert Metern Entfernung im Frankfurter Waldstadion auf der Bühne gesehen. Aber das ist wenigstens der echte Michael Jackson gewesen. Ob der auch Mundgeruch hatte, konnte ich damals nicht feststellen. Vermutlich schon. Übrigens ist Michael seinerzeit mit einem Düsentriebwerks-Rucksack von der Waldstadion-Bühne abgerauscht. Das war Teil seiner Show. Er hat aber noch genug Bodenhaftung gehabt, um bei seinem wirklichen Namen zu bleiben. Er hat sich zum Beispiel auch nicht »Das Zeichen« oder so genannt, wie der zu Recht in Vergessenheit geratene No-Name-Prinz mit der Pudelfrisur. Aber das führt zu weit ab vom Thema einer Mordermittlung. Nur eins vielleicht noch: Außer Farin Urlaub fällt mir überhaupt kein Musiker ein, dem es gelungen ist, einen plausiblen Künstlernamen anzunehmen. Okay, Marilyn Manson vielleicht noch.

Irgendwie hat es Eon Tui Axa geschafft, während meiner kurzen gedanklichen Abschweifung in seine Kissenburg zurückzuschweben, von der aus er jetzt mit apathischem Blick ein dickes Loch in die gegenüberliegende Betonwand bohrt. Ich versuche ihn zwar noch mit »Hey Cat, äh, ich meine, Axa, was geht?« nach Bad

Homburg Mittelerde zurückzulotsen, aber nichts geht mehr. Auf leisen Sohlen tritt der transzendentale Assistent Omo Ata Vim heran: »Es ist besser, wir lassen den Meister nun allein. Er ist ohnehin nicht mehr bei uns.«

Das mag wohl sein. Ich hoffe nur, er ist ganz bei sich. »Ich wundere mich, dass der Meister dir so viel seiner Wachzeit geschenkt hat, Jürgen. Das ist eine große Ehre. Du scheinst für sein Karma eine besondere Bedeutung zu haben.«

»Ich bin dabei, genau das herauszufinden.«

»So folge mir bitte in den Initial Room One«, wird Omo mit einem Mal förmlich.

Der Initial Room One sieht aus wie das Behandlungszimmer einer Arztpraxis. Fensterlos, durch Tageslichtleuchtröhren erhellt. Auf einem weißen Tisch steht ein aufgeklappter Laptop. Unter dem Tisch Rollschränke mit elektronischen Messgeräten, Metallkästen mit Pegelanzeigern und mit Anschlüssen für Buchsenstecker. Zwei Armbinden, ähnlich denen, die zum Blutdruckmessen verwendet werden, baumeln von der Rollschrankkante herunter wie Gehängte.

»Bitte nimm Platz, Jürgen«, bietet mir Omo Ata Vim einen Stahlrohrstuhl gegenüber den Apparaturen an, »und nun entspanne dich. Dein Transmission Advisor wird gleich hier sein und mit dir deine Osho-Initials retreaten.«

»Klingt prima, Omo Ata.« Neugierig fummele ich an den elektronischen Messgeräten rum, ohne dahinterzukommen, wozu die Dinger gut sind. Mitten in meine

Untersuchung der bunten Kabel betritt eine circa fünfzigjährige Frau in einem bodenlangen ausgewaschenen Indienkleid das Behandlungszimmer. Um den Hals trägt sie eine Kette mit zwei Holzperlen.

»Ich grüße dich, Jürgen. Mein Name ist Penaten Fenjala. Ich darf heute mit dir unser Osho-Initial durchführen. Ich bitte dich, alle Fragen, die dir in der nächsten Dreiviertelstunde gestellt werden, ehrlich zu beantworten. Und zwar direkt und ohne Bedenkzeit. Später werden wir gemeinsam die Ergebnisse aus dem Screening analysieren, um mit dir deinen ganz persönlichen Weg zur Öffnung deines Kundalamis zu beschreiten. In Ordnung? Ich werde dir jetzt diese beiden Sensoren um deine Unterarme legen. Bitte entspanne dich jetzt.«

Komisch, immer wenn ich aufgefordert werde, mich zu entspannen, passiert genau das Gegenteil. Ich schätze aber, auf dem Weg zur Begegnung mit seinem Lichtkörper ist Aufrichtigkeit mit sich selbst gefordert. Und keine gespielte Entspanntheit. Also bleibe ich wie immer entspannt gespannt.

Nachdem ich alle Fragen zu meinem Innenleben beantwortet habe, trägt mir Penaten Fenjala die Analyse meines spirituellen Tests in ernsthaftem Ton vor. Als hätte sie ein ähnliches Testergebnis noch nie gehört. Mein Ergebnis lautet: Du bist ein ganz besonderer Mensch. Deine spirituellen Fähigkeiten sind außergewöhnlich gut entwickelt. Das Ergebnis zeigt, dass es dir im Moment noch unmöglich ist, deine irdischen Probleme hinter dir zu lassen. Aber du verfügst über die inneren Anlagen, eine persönliche Vollkommenheit zu erreichen. Wenn du bereit bist, uns zu vertrauen, näherst du dich Schritt für Schritt deiner wahren Existenz. Unsere Kurse sind deine Chance, aus dem Gefängnis deines Selbst zu entfliehen. Ohne unsere Gemeinschaft bleibst du ein Verlorener. Du wirst bei uns Erleuchtung und Frieden finden. Du wirst deine falschen Freunde, deine missgünstigen Arbeitskollegen, deine kaputte Familie, alles, womit du nicht klarkommst, für immer hinter dir lassen. Du wirst endlich du selbst sein. Bei uns wirst du dein immerwährendes Glück finden.

Dann leitet sie zu den Kursangeboten des Instituts über. »Schön, dass du bei uns bist, Jürgen. Du sagtest, du möchtest dein Kundalami-Zentrum aktivieren und dem Hüter deines Lichtkörpers begegnen. Wann und wo hast du denn dein Kundalami zum ersten Mal gespürt?«

»Das mit dem Kundalami habe ich bei euch auf der Website gegoogelt.«

»Also keine Vorkenntnisse.«

»So ist es.«

»Dein Test hat gezeigt, dass deine Gehirnhälften nicht im Einklang schwingen. Mindestens zwei deiner Chakren sind gestaut. Man sieht aber, dass du nach der dritten Reiki-Session ein Energy Balancing erreichen kannst, das deine Seelenfarben wieder in Einklang bringt.«

»Da könnte was dran sein. Ist Marie-Claire Gascoigne schon lange bei euch Mitglied?«, taste ich mich vorsichtig an mein Ermittlungsziel heran.

»Du meinst Vanisha Bang? Ja, schon drei oder vier Jahre. Vanisha ist auf ihrem spirituellen Weg weit fortgeschritten. Sie ist exekutierender zweiter Titan. Das sind fünf Stufen höher als mein Erleuchtungslevel«, fügt Penaten respektvoll hinzu. Die esoterische Soldatin mit niedrigem Dienstgrad lächelt. Aber ihr Lächeln wirkt deprimiert. Das wundert mich. Wo doch hier so etwas wie die Gute-Laune-Zentrale ist. Sei's drum! Ich werde nicht versuchen, im Weltrettungszentrum ihre Welt zu retten.

Da rauscht die exekutierende zweite Titanin zur Tür herein. Ihr Auftritt lässt keinen Zweifel daran, dass das Brahma Rescue Center Marie-Claire Gascoignes eigentliches Zuhause ist. Vanisha trägt eine Tunika aus roter Seide. Sie ist barfuß. Über ihrer Tunika teilt eine Halskette mit zwei jadegrünen Perlen und einem Edelholz-Amulett mit dem Foto vom Cat-Stevens-Darsteller Eon Tui Axa ihre vollkommenen Brüste. Penaten Fenjala löst sich im Nichts auf.

»Herr McBride, das ist aber eine Überraschung! Was führt Sie denn hierher? Ich fürchte fast, das sind nicht nur Ihre gestauten Chakras, was?« Marie-Claire Gascoigne lächelt mir zu. »Sie sind mir doch nicht etwa wegen des Beuys-Kunstraubes gefolgt?«, kokettiert die Zwei-Perlen-Priesterin.

»Ich hoffe, Sie können mir bei beidem helfen, Frau Gascoigne.«

»Was Ihre Ermittlungen für Frau von Unschwer in dem Kunstraubfall anbelangt, kann ich Ihnen sicher weit weniger helfen, als Ellen das selbst könnte«, antwortet Vanisha Bang. »Was aber Ihre blockierten Chakras und Ihren Wunsch nach einer Begegnung mit sich selbst angeht, bin ich sicher, dass das Brahma Rescue Center und mein bescheidenes Zutun als Ihr Personal Coach da etwas tun können – falls Sie den Mut haben, sich darauf einzulassen.«

»Kein Ding. Ich bin dabei! Einem guten Privatdetektiv ist nichts Menschliches fremd.«

»Ich werde Jürgen zu dir sagen«, stellt Vanisha schlicht fest. »Wir reden uns hier im Brahma Rescue alle mit dem Vornamen an. Bis uns unser spiritueller Name geschenkt wird. Mein spiritueller Name ist Vanisha Bang«, teilt sie mit und umarmt mich mit einer spröden Herzlichkeit. Vanisha mustert mich. »Ich glaube, es liegt noch ein gutes Stück Arbeit vor uns, bevor du deinem Torhüter begegnen kannst, Jürgen.«

Ich bin mir nicht ganz sicher, was Vanisha mit »Torhüter« meint. Aber wenn das gemeinsame Gesprächsthema im Unklaren bleibt, ist es meiner Erfahrung nach immer richtig, entweder übers Wetter oder über Fußball zu plaudern. Ich wähle spontan Fußball: »Bei den Torhütern haben wir ja traditionell gute Leute. Wie Manuel Neuer derzeit seinen Leib durch den Äther im Sechzehner katapultiert, Wahnsinn! Dagegen sehen die Holländer alt aus.«

Vanisha Bang lächelt nachsichtig. Wie über einen tollpatschigen Köter, der nicht versteht, einen zugeworfenen Ball aufzufangen.

Die Situation erinnert mich an meine selige Schulzeit: Da ist es wieder, dieses »Lehrer-beugt-sich-zu-Schüler-herunter«-Gefühl. Lehrer sind und bleiben nun mal Besserwisser. Schon deshalb, weil es das Tagesgeschäft eines Lehrers ist, ein Thema – sein Thema – einem unwissenden Schüler zu erklären. Der Lehrer schaut vom Wissen herab, der Schüler schaut zum Wissen hinauf. Darin liegt die Natur des Lehrer-Schüler-Verhältnisses begründet. Manche Lehrer schaffen es einfach nicht, nach Unterrichtsende von ihrem Schulpult herunterzusteigen, und vergessen, dass ihre Überlegenheit auf ihr Unterrichtsfach beschränkt ist.

»Ganz ehrlich, lieber Jürgen, ich fürchte, dein Karma ist noch völlig in deinem inneren Kind gefangen. Ich kann deutlich deinen Mangel an Achtsamkeit spüren – auch dir selbst gegenüber, mein lieber Jürgen.«

Die Art und Weise, wie Vanisha mich »Mein lieber Jürgen« nennt, klingt ziemlich angefressen.

»Ich habe bei unserer Umarmung sofort deine negativen Schwingungen bemerkt. Um mit dir weiterzukommen, werden wir erst mal ein Clearing durchführen müssen.«

»Okay. Dauert so was lange?«

»Da sollten wir je nach Schwere des Falles schon drei bis fünf Sitzungen einplanen.«

Jetzt bin ich schon bei den schweren Fällen gelandet. »Und was soll der Spaß kosten, Vanisha?«

Die Mittlerin des inneren Friedens will ihre Gereiztheit nicht mehr verbergen. Sie belehrt mich gouvernantenhaft wie das Fräulein Rottenmeier aus der Alpensaga »Heidi«: »Jürgen, wenn du dem Hüter deines Lichtkörpers wirklich begegnen willst, wenn es dir ernst damit ist, dann solltest du dir nicht im ersten Schritt Gedanken über Geld machen.«

»Über wie viel Geld genau soll ich mir keine Gedanken machen?« – Klare Rechnung, gute Freundschaft, hat mein Opa immer gesagt.

»Neunundsechzig neunzig.«

»Insgesamt oder pro Stunde?«

»Für die Kursstunde, eine Fünfundvierzig-Minuten-Einheit«, presst Vanisha Bang hervor.

»Das ist für eine Reinigung nicht gerade wenig, oder? Bei meinem Opel steht die Dreihunderttausender-Inspektion an. Das geht vor, sorry. Vielleicht klappt's ein anderes Mal. Das mit eurem Clearing, meine ich. Aber wir zwei Hübschen können ja stattdessen …«

Die Zwei-Perlen-Titanin raschelt in ihrer Seidenrobe ab, ohne mich eines weiteren Blickes zu würdigen. Vielleicht wäre es schlauer gewesen, Vanisha Bang nicht gleich bei unserem ersten Kontakt zu verprellen und mich auf die Erweckungsprozedur bis zum finalen Torhüter-Showdown einzulassen. Letztlich glaube ich aber nicht, dass die Prozedur viel zur Aufklärung des Kunstraubes beigetragen hätte. Außerdem kann ich nicht abschätzen, was passieren würde, wenn ich tatsächlich mein Kundalami von der Kette lassen und mein Seelenlied singen würde. Das ist möglicherweise ein Ereignis, das wir uns ersparen sollten.

Ich folge dem Orientierungssystem des Brahma Centers Richtung Ausgang und erreiche eine Halle, durch die ein Geruch von Patschuli-Räucherstäbchen und frisch gemahlenem Kaffee strömt. Arne-Jacobsen-Designersessel laden zum Herumlümmeln ein. Auf einem Flatscreen laufen Naturaufnahmen von unserer Mutter Erde. Idyllen in Endlosschleife. Zu schön, um wahr zu sein. In einer Ecke am Ausgang hinter einer gläsernen Theke steht Penaten Fenjala. Sie präsentiert ein Sortiment an Büchern, DVDs und Pflegeprodukten.

Die brave Erleuchtungssoldatin spricht mich mit einem auswendig gelernten Kundenbindungstext an: »Lieber Jürgen, wir vom Team des Brahma Rescue Center sind glücklich, dass dich dein Weg zu uns geführt hat. Unser guter Geist wird dich von nun an begleiten. Wollen wir gleich einen neuen Termin vereinbaren, lieber Jürgen?«

Bei so viel Freundlichkeit komme ich ins Schleudern. Trotzdem habe ich keine Lust, dieses Paradies noch mal zu besuchen. Sofern es für meine Ermittlungen nicht nötig werden sollte.

»Lieber nicht, Frau Fenjala.«

»Wie wäre es denn mit einem unserer Produkte für zu Hause? Vielleicht eine Zusammenstellung mit Zitaten aus den Erweckungspsalmen von Eon Tui Axa aus den Jahren 2003 bis 2013 als kleine Nachttischlektüre?«

»Danke, weder nach Tisch noch auf dem Nachttisch.«

»Dann vielleicht einer unserer Topseller: Instant Karma Spray. Biodynamisches Aktivwasser von höchster Reinheit. In der praktischen Halbliter-Pumpflasche. Ohne Treibgas. Das korrigiert dein Reiki-Feld, wenn's mal schnell gehen muss. Ideal für unterwegs, Jürgen.«

»Hm.«

»Mit zehn Prozent Neukundenrabatt siebzehn neunundneunzig, lieber Jürgen.«

»Okay. Das nehme ich.«

Draußen am Parkplatz öffne ich die Motorhaube des Opel GT, schraube den Deckel der Scheibenwaschanlage auf und kippe den halben Liter Aura-Wasser hinein. Als ich vom Parkplatz des Zentrums auf die Fahrbahn abbiege, muss ich einem fetten Audi Q7 ausweichen. Die Fahrerin kommt mir trotz der Yoko-Ono-Sonnenbrille, die ihr halbes Gesicht verdeckt, bekannt vor. Ein kleines Zöpfchen mit vier grünen Perlen hüpft auf ihrer Schulter, als sie mit ihrem Schiff über die Bürgersteigkante brettert. Kein Zweifel, die Geländewagenpilotin ist niemand anders als meine Kunstsinnigen-Vereinsvorsitzende Dorrit Erbrecht-Spirenzi. Ihre Anwesenheit hier im Psychoparadies und damit ihr Kontakt zu der IAC-Angestellten Marie-Claire Gascoigne ist nicht unverdächtig. Aber Verdächtigungen sind keine Ermittlungsergebnisse. Und für Ergebnisse ist es auch noch zu früh. Vorher muss ich noch einige erhellende Blicke auf die Nachtseite der Frankfurter Gesellschaft des einundzwanzigsten Jahrhunderts werfen.

# EIN GUT STÜCK WEIT BETROFFENHEIT

Auf der A 5 Richtung Frankfurt trete ich das Gaspedal meines Opel bis zum Anschlag durch und lasse uns beide bei der vollen Beschleunigung den Arschtritt Gottes spüren. Ich gebe der Maschine meines Rüsselsheimer Freundes das, was wir alle ab und zu nötig haben, um uns den Rost aus den Schenkeln oder Achsen klopfen zu lassen.

Zurück im Loft in der Gummistiefelfabrik wird es Zeit, den Schlamassel aufzuräumen, meine Wohnung wieder aufzuräumen. Die herumliegenden Patronenhülsen und die ausgeschlagenen Zähne sauge ich mit dem saugstarken Vorwerk Kobold im Handumdrehen weg. Die durch den Kopftreffer ausgetretene Gehirnmasse beseitige ich mit dem Swirl Easy Cleaner und einem Schuss Meister Proper im heißen Putzwasser. Den eingetrockneten Blutspritzern an den Fensterscheiben rücke ich mit einigen kräftigen Strahlen aus der handlichen »Sidolin streifenfrei«-Sprühflasche zu Leibe. Den abgeplatzten Wandverputz bessere ich mit der praktischen Portions-Tube Moltofill aus. Den angebrochenen Türrahmen repariere ich mit Ponal Express.

Jetzt habe ich mir aber wirklich ein Binding Export verdient. Zeit, sich auf die Couch zu knallen, um über die heutigen Fußball-Ergebnisse zu philosophieren. Mit Anlauf katapultiere ich meinen Körper wie eine menschliche Cruise Missile quer durch das Loft Richtung Couch. Autsch! Bei der Landung auf den Couchkissen bohrt sich etwas in meinen Rücken. Bestimmt ist das wieder die Fernbedienung. Außer mir und ein paar Fruchtfliegen ist die Fernbedienung das einzige lebendige Wesen in meiner Wohnung. Sie kann sich selbstständig fortbewegen. Dabei hat sie nur ein einziges Hobby: Verstecken spielen. Aber statt der Fernbedienung ziehe ich zwischen den Sofakissen etwas anderes hervor: ein massiv goldenes Feuerzeug. Mir gehört das Ding nicht. Das muss jemand hier verloren haben. Vielleicht ist es dem Muskelmonster, dessen Schwertangriff ich durch den finalen Rettungsschuss ausgebremst habe, aus seiner Bomberjacke geflutscht, als er den Flattermann gemacht hat. In dem Feuerzeug sind drei Initialen eingraviert. »MCG«. Motorsport Club Gelnhausen? Mainzer Carneval Gesellschaft? My Cat Garfield? Marie-Claire Gascoigne?

Darüber kann ich mir später noch den Kopf zerbrechen. Jetzt kommt erst mal die Sportschau. Denn: »Dienst ist Dienst und Schnaps ist Schnaps. Es lebe der Sport!«

Ich köpfe eine zweite Flasche Binding Export am Bierkastenrand und trinke sie auf dem Weg zur Couch aus. Heute wird das Spiel aller Spiele übertragen: das Pokalspiel der Frankfurter Eintracht gegen Bayern München. Um die kumpelhaft geführten Interviews des Sportmoderators Reinhold Beckmann und den Bitburger-Werbeblock ertragen zu können, ziehe ich mir ein frisches Binding Export. Bis zum Anstoß will ich mir ein Nickerchen gönnen. Dabei verpasse ich absichtlich die TV-Spots, in denen bärtige Familienväter in Volvo-Kombis wie die Irren durch evakuierte Landschaften rasen und bei einem Zwischenstopp am Gletschersee mit ihren Borderline Collies mal eben die Ozonschicht retten. Nach ein paar Schlucken aus der Halbliterflasche mit der Ambrosia aus der Brauerei vom Sachsenhäuser Berg bin ich weggesackt. Erst zu den Spätnachrichten wache ich wieder auf. Das Spiel ist gelaufen und die Eintracht hat verloren.

Vor Sonnenaufgang weckt mich das Gezwitscher der gefiederten Bioeinheiten aus dem Hinterhof der Gummistiefelfabrik. Das Dröhnen der ersten Intercontinental-Jets vom Frankfurter Airport mischt sich mit dem Lärm, den die kleinen Piepsmaschinen in den Kastanienbäumen veranstalten. An Weiterschlafen ist nicht mehr zu denken. Wegen der Hausmeisterfamilie unten im

Parterre verzichte ich auf akustische Gegenmaßnahmen. Obwohl mir die Kanone, mit der ich die Flugbahn des Kamikaze-Russen korrigiert habe, in den Fingern juckt.

Der neue Tag startet mit einem korngesunden Kinder Country von Ferrero und einer Tasse löslichen Kaffee von Maxwell. Dieser Instantkaffee gelingt übrigens mit einer wunderbaren Crema, wenn man kochend heißes Wasser aus exakt fünfundzwanzig Zentimetern Höhe auf das Instantpulver runterblubbern lässt. Kaffeekenner auf der ganzen Welt wissen einen auf diese Weise zubereiteten Kaffee zu schätzen.

Leider sind meine Kippen alle, die ich für ein ausgewogenes Frühstück brauche. Am Zeitungskiosk an der Ecke besorge ich mir neue. Außer zwei Schachteln Camel ohne Filter kaufe ich mir die Frankfurter Rundschau, um zu checken, ob es etwas Neues über meinen Kunstraub gibt. Im Lokalteil der Rundschau wird ausführlich über den Fall berichtet: »Jahrhundertkunstwerk von Joseph Beuys in Frankfurt gestohlen.« – »COMMERZ und Kunst – die Machenschaften einer Bank.« – »Was wusste der erschossene Kunstbroker Johannes W. Körner wirklich?« Am Ende des Textes findet sich ein Veranstaltungshinweis: »Am Donnerstag, den 25.7.2013 findet um 15:00 Uhr im Marriott International eine Podiumsdiskussion zum Thema ›Kunst und Kommerz‹ statt. Teilnehmer der Diskussion sind Fredo Friedelstein, PR-Manager der International Art Consultants, ferner die bekannte Frankfurter Kunstmäzenin Dorrit Erbrecht-Spirenzi sowie der Leiter der Kulturredaktion der Frankfurter Rundschau,

Dr. Sebastian Schlohamsel. Vor dem Hintergrund der kürzlich gestohlenen Beuys-Zeichnung und des Mordes an dem Inhaber der Kunstvermarktungsagentur IAC, Bad Homburg, gewinnt diese Veranstaltung zweifellos an Aktualität.«

Um halb drei nachmittags mache ich es mir im Foyer des Marriott hinter einer Plastikpalme mit einem Jägermeister on the rocks gemütlich. Als einer der ersten Gäste der Veranstaltung betritt mein neuer geistiger Ziehvater Eon Tui Axa das Hotel. Was sucht der denn hier? Eon hat heute auf sein Hippie-Outfit verzichtet. Er trägt einen dunkelbraunen Anzug und Lackschuhe. Statt einer Krawatte baumelt eine Kette mit sieben Jadeperlen und einem kleinen runden Selbstporträt auf seinem rosa Hemd, das lässig aus seiner Hose hängt. Eon Tui Axa sieht blendend aus, das muss man ihm lassen. Wie eine Mischung aus dem Kanzlerin-Herzensbrecher Nescafé-Schorsch und Bhagwan, dem berühmten Freikartenaussteller aus den Achtzigern. Erbrecht-Spirenzi, die Vorsitzende des Kunstsinnigen Vereins, kommt mit ihrem Freund herein, dem Kunstsponsor Jobst von Wehjsche. Sie schaut sich nervös um. Ihr Vier-Perlen-Zopf windet sich auf ihrer Schulter wie ein aufgespießter Regenwurm. Als Nächste treten meine Auftraggeberin und ihre Assistentin Marie-Claire Gascoigne ein. Oder besser: treten auf. Ellen trägt ein dunkelblaues Businesskostüm mit einer hochgeschlossenen Bluse. Der strenge Schnitt ihrer Jacke bändigt nur mit Mühe ihre erstaunliche Oberweite. Auch ihre Assistentin Marie-

Claire Gascoigne alias Vanisha Bang, die auf Zwölfzentimeterhacken durch die Hotelhalle trippelt, ist nicht zu übersehen. Sie trägt ein Kleid mit Leopardenfellmuster, unter dem sich ihr Körper wie unter Frischhaltefolie abzeichnet. Eine weiße Nerdbrille mit Fensterglas ziert ihr keckes Näschen. Hat eben noch der charismatische Cat Eon Tui Axa die Blicke der weiblichen Gäste auf sich gezogen, so kassieren die beiden Frauen jetzt alle Männeraugen ein.

Kaum jemand bemerkt den großen, hellhäutigen Typen in dem abgewetzten schwarzen Jeansanzug, der wie auf Schienen eine schnurgerade Bahn durch das Hotelfoyer zieht. Das Kinn vorgereckt, mit seinen Armen seitlich ausgreifend, bahnt sich der große Mann seinen Weg durch die Menge zum Informationsschalter. Streng und wortlos hält er der Concierge seinen Presseausweis vor die Nase. Der hohe Ansatz seines gelbroten Haars lässt seine gefurchte Denkerstirn noch höher wirken. Aus seiner verbeulten Aktentasche ragt eine Thermoskanne hervor. Dr. Sebastian Schlohamsel marschiert in den Pressesaal.

Kurz vor Beginn der Veranstaltung tritt Rechtsanwalt Fredo Friedelstein, der Sprecher der International Art Consultants, ins Hotelfoyer. Ein Praktikantensklave als MacBook-Träger klebt am gebügelten Hosenbein des Rechtsanwalts. Auch Friedelstein erkundigt sich bei der Concierge nach dem Eingang zum Pressesaal. Ohne ihre Antwort ganz abzuwarten, wendet er sich ab und steuert auf die ihm bezeichnete Tür zu.

Zuletzt tritt Kommissar Odecker in seinem haselnussbraunen Schurwolljackett ein. Unsichtbar wie ein Flaschenpfandsammler drückt er sich in die Hotelhalle.

Über Lautsprecher tönt gedämpft: »Meine Damen und Herren, ich darf Sie jetzt zur Podiumsdiskussion in den Saal Boston bitten. Die Veranstaltung beginnt in etwa fünf Minuten.« Die Journalisten der lokalen TV- und Radiosender drängen sich als Erste durch die schmale Eingangstür. Ihnen folgt ein Publikum aus kunstinteressierten Frankfurter Bürgern sowie eine schwer zu bestimmende Gruppe von Leuten, die sich berufen fühlen, an öffentlichen Diskussionen und dergleichen teilzunehmen. Sofern sie nicht damit beschäftigt sind, ihren Senf auf Facebook oder Twitter zu posten. Oder sich gegenseitig in den Kommentarfunktionen der Online-Tageszeitungen zu beleidigen. Die Sitzplätze des Saals sind schnell besetzt. Einige müssen sich mit einem Stehplatz zufriedengeben. Ich quetsche mich in die hinterste Ecke des Saals, um das, was nun folgen soll, unbemerkt zu beobachten. Auf dem erhöhten Podium nehmen hinter den Mikrofonen Dorrit Erbrecht-Spirenzi, Dr. Schlohamsel, Fredo Friedelstein und der Moderator Platz. Die Vorsitzende des Kunstvereins rückt ungeduldig wie ein Rennpferd in der Startbox zum Mikrofon. Als ob es hier nur auf ihn ankäme, gibt Fredo jetzt mit einem Handzeichen sein Okay zum Start der Veranstaltung. Der Moderator des Marriott-Hotels leitet die Diskussion ein: »Meine Damen und Herren, ich begrüße Sie zu unserem heutigen Donnerstags-Forum im Marriott InterContinental Frankfurt zum Thema ›Kunst und Kommerz‹. Nicht erst durch die dramatischen Ereignisse der jüngsten Vergangenheit ist dies ein Thema von aktueller Bedeutung. Warum? Dies zu klären haben wir heute drei der profiliertesten Vertreter des Kunstbetriebes und ausgewiesene Kenner der Frankfurter Szene eingeladen. Bitte begrüßen Sie mit mir die Vorsitzende des Frankfurter Kunstsinnigen Vereins, Frau Dorrit Erbrecht-Spirenzi. Ferner den Sprecher des IAC, Fredo Friedelstein. Und den Chefredakteur des Kulturressorts der Frankfurter Rundschau, Dr. Sebastian Schlohamsel. Beginnen wir mit einer Frage an Frau Erbrecht-Spirenzi: Lassen sich Kunst und Kommerz noch trennen? Gibt es heutzutage überhaupt noch eine Kunst ohne Kommerz?«

Dorrit greift sich das Mikrofon: »Ja, meine sehr verehrten Damen und Herren, Ihnen allen zunächst einmal einen ganz, ganz lieben guten Tag! – Kunst und Kommerz, Kommerz oder Kunst? – Das ist natürlich eine interessante Frage, äh, Herr Moderator.« Dorrit strafft sich. »Lassen Sie mich doch einmal eine Gegenfrage stellen: Gab es je eine Kunst ohne Kommerz? Waren nicht schon die ersten Höhlenmaler, einerseits exponiert durch ihre handwerklichen und spirituellen Fähigkeiten, andererseits gezwungenermaßen ausgeschlossen von notwendigem Erwerb, der Nahrungssuche, der Jagd et cetera, darauf angewiesen, sich ein gut Stück weit zu kommerzialisieren? Und war nicht eine Gesellschaft schon immer bereit, und sogar sehr gerne bereit, gerade diese, verzeihen Sie mir bitte dieses unsägliche Wort, diese *Elite* materiell zu subventionieren?«

»Sehr interessante These. Ich sehe Herrn Dr. Schlohamsel lächeln. Ich würde gern das Wort weitergeben an Dr. Sebastian Schlohamsel, den Kulturredakteur der Frankfurter Rundschau. Bitte, Herr Dr. Schlohamsel.«

»Wirklich, da müssen wir uns alle beherrschen, um nicht bei diesem kruden Geschwurbel über Eliten laut aufzulachen. Es handelt sich bei dem aktuellen Skandal wirklich nicht um ein Honorar, bestehend aus einer Handvoll Waldbeeren oder meinetwegen um eine Hirschkeule, sondern um eine Spekulation mit einer völlig überbewerteten Zeichnung. Eine Fünf-Minuten-Kritzelei eines sogenannten Künstlers wird hier bei uns in Frankfurt für sage und schreibe vier Millionen Euro gehandelt. Das ist die unvorstellbare Summe, um die unser städtischer Kulturbetrieb, die Commerzbank und einige geltungssüchtige Privatiers mitbieten. Diese Leute können es sich leisten, mal eben so das Zweihundertfache des Jahreseinkommens eines Briefträgers für einen Schnipsel Papier zu verzocken. Um das sogenannte Kunstwerk anschließend als spekulative Kapitalanlage auf Nimmerwiedersehen in einem Safe verschwinden zu lassen. Das ist Geld, das uns allen fehlt. Geld, das dringend benötigt wird, um in dieser Stadt marode öffentliche Gebäude, Kindergärten, Altenheime zu sanieren. Geld, das fehlt, um unseren Frankfurter Bürgerinnen und Bürgern ein menschenwürdiges Leben zu ermöglichen.«

Kräftiger Applaus im Publikum. Nur wenige Zuhörer, darunter Kommissar Erik Odecker, bleiben ungerührt. Odecker nutzt die allgemeine Bewegung, um sich in Ruhe unter den Anwesenden umzublicken. Unsere Blicke treffen sich. Mittlerweile setzt sich die Diskussion auf dem Podium fort. Jetzt auch unter Beteiligung von Fredo Friedelstein, der bisher bloß gelangweilt seine Fingernägel betrachtet hat oder auf seinem iPhone herumgespielt hat. Er pocht mit dem Knöchel auf sein angeschaltetes Mikrofon, um sich Gehör zu verschaffen. Durchbohrt von den Blicken von Dr. Schlohamsel, beschleunigt er so das Ende des Beifalls und startet seinen Beitrag. »Meine Damen und Herren, lassen Sie mich Ihnen bitte eines sagen: Hier ist keineswegs der Ort, sich über den Wert von Kunst zu streiten. Genauso gut könnten wir uns über den Wert von Gold streiten. Den Wert eines Kunstwerks bestimmen nicht ich oder Sie hier in dieser Diskussion, sondern der Markt. Ich finde Ihre Erregung gelinde gesagt wenig hilfreich. Ja offen gestanden, reichlich naiv. Übrigens ist die Zeichnung von uns auf ca. zwei Millionen taxiert worden und nicht, wie Sie, Schlohamsel, gerade so dramatisch ausführen, mit vier Millionen Euro zu bewerten.« Genüsslich, mit selbstzufriedenem Gesicht, in dem sich das Wissen widerspiegelt, die finale Auskunft zu diesem Thema erteilt zu haben, lehnt sich Fredo Friedelstein zurück und widmet sich wieder seinem iPhone. Er hat es nicht nötig, sich um die murmelnde Ablehnung im Publikum zu kümmern.

Die Diskussion gewinnt weiter an Fahrt. Kunstmäzenin Dorrit Erbrecht-Spirenzi hüpft auf ihrem Podiumsstuhl mit ihrem Vier-Perlen-Zopf um die Wette. »Ich muss ganz ehrlich sagen, ich finde eine solche Reduktion des Schlüsselwerkes eines unserer großen Moralisten, lassen Sie mich das einmal so sagen: eines der letzten Weisen unserer Tage, eines Joseph Beuys, auf einen bloßen Marktwert wirklich unerträglich! Gleichgültig, ob der ein oder andere diesen Wert als zu hoch ansehen möchte. Das eigentliche Thema ist doch an ganz anderer Stelle zu verorten: Welche Zukunft hat eine Gesellschaft, die Menschen, die ihre Existenz dem Kunstschaffen opfern, die nötige Anerkennung verweigert? Und sie wegen ihrem Anderssein ganz bewusst ausgrenzt! Welchen Weg geht eine Gesellschaft, die sich ihren humanistischen Idealen verschließt und nur nach materieller Nützlichkeit bewertet? Ganz ehrlich, eine solch triviale Weltsicht macht mich wirklich ein gut Stück weit betroffen.«

Dr. Schlohamsel kann es kaum abwarten zu antworten. Er neigt sich zu Erbrecht-Spirenzi herüber und fuchtelt mit seinem Stahlkugelschreiber vor ihrem Gesicht herum. »Liebe Frau Erbrecht-Spirenzi, Ihre hanebüchene, menschenverachtende Argumentation verfängt hier bei unseren aufgeklärten Mitbürgerinnen und Mitbürgern erfreulicherweise nicht. Lassen Sie uns doch einmal die schlichte Wahrheit aussprechen: Wegen eines Stückes Papier werden hier, in unser aller Stadt, immense Steuergelder verschwendet. Ja, wenn das nur schon alles wäre! Aber denken wir doch auch einmal, alle, die wir hier sitzen, auch nur einen Augenblick an den Fahrer des Werttransporters, einen unterbezahlten Leiharbeiter, der bis heute noch nicht zu seiner Familie zurückgekehrt ist. Womöglich ist er das erste Todesopfer dieser skrupellosen Spekulantenclique geworden, die wir hier unsäglicherweise als Kunstliebhaber bezeichnen. Denn wer hat, so frage ich Sie, unter uns hart arbeitenden Bürgerinnen und Bürgern, Kolleginnen und Kollegen, die mit einer schmalen Rente den Machenschaften dieser Finanzmafia ausgeliefert sind, wer von uns hat denn schon Interesse am Kauf eines vier Millionen schweren Spekulations-Objekts?« Zustimmendes Kopfnicken im Publikum. Lebhafter Beifall.

Dorrit Erbrecht-Spirenzi wird durch die stählerne Dialektik Sebastian Schlohamsels und das Gefuchtel mit seinem stählernen Kugelschreiber in die Defensive getrieben: »Sicher gehört am Ende des Tages unsere ganze Empathie dem Leiharbeiter und seiner Familie. Aber wir sollten doch an dieser Stelle auch an den auf so tragische Weise verstorbenen Johannes W. Körner, einen persönlichen Freund von mir, den, nun ja … den ehemaligen Inhaber der Agentur IAC denken. Und am Ende des Tages sollten wir auch seinen gleichfalls ermordeten Hund Martha erwähnen. Dies alles hinterlässt, und da gehe ich vollkommen d'accord mit Herrn Schlohamsel, ein gut Stück weit Betroffenheit.« Erbrecht-Spirenzi verliert für einen Moment die Fassung, ist aber nach einem kurzen Blinzeln mit ihren noch kürzeren Wimpern wieder auf dem Damm. Sie fährt mit einem vage formulierten Versuch fort, wenigstens ein kleines Terrain ihres Plädoyers für die Freiheit der Kunst zu behaupten: »Aber sollte nicht jeder für sich selbst entscheiden, wie frau/man das am Ende des Tages verortet?«

Doch im Publikum sind dic Würfel längst gefallen. Das Publikum hat sich in eine zeittypische Stimmung hineingesteigert, eine merkwürdige Mischung aus Sentimentalität und Wut.

Ohne auf den aufkommenden Protest im Zuschauerraum zu achten, meldet sich mit Mikrofon-Klopf-Geräuschen Rechtsanwalt Dr. Friedelstein: »Wenn ich richtig informiert bin, lautet das Thema dieser Diskussionsrunde ›Kunst und Kommerz‹. Die hier zur Schau gestellte Betroffenheit gehört meiner Meinung nach nicht wirklich zum Thema. Mal ganz ehrlich, was ist denn schon passiert? Nur so viel für Sie, ganz kurz, quick and dirty: Als Sprecher des IAC bedaure ich selbstverständlich die Verluste unserer Agentur an Kapital. Natürlich auch die Kollateralschäden der jüngsten Zeit. Keine Frage! Es muss aber nach wie vor unser Ziel sein, an der Dynamik neuer Märkte im Art-Segment zu partizipieren. Zu unser aller Wohl, versteht sich, meine sehr verehrten Damen und Herren. Wenn es uns nicht gelingt, Frankfurt weiter als Art-Business-Standort zu etablieren, gehen ›unserer Stadt‹, wie sich mein Kollege von der Rundschau so rührend ausdrückt, mehr als nur vier, äh … zwei Millionen Euro verloren. Das sind doch alles nur Peanuts.«

Ein schmales Dutzend Zuhörer beginnt zu klatschen, verstummt aber sofort, nachdem eine Publikumsmehrheit sie johlend zum Schweigen bringt.

Ellen von Unschwer, die Geschäftsführerin des IAC, tuschelt mit ihrer Sekretärin Marie-Claire Gascoigne. Ihr schwant Schlimmes. Die Frau sollte Recht behalten. Dr. Sebastian Schlohamsel schnappt sich, das Kinn nach vorn gereckt, das Mikrofon. »Friedelstein! Es wird Ihnen nicht gelingen, die gewissenlose Gier Ihrer Kapitalgesellschaft aufzuhübschen! Da kommt ein Mensch ums Leben, wird ermordet, durch Kopfschuss regelrecht hingerichtet. Da kommt ein weiteres Mitgeschöpf ums Leben, ein wertgeschätztes Wesen, sei es auch nur ein vierbeiniges. Wird nach CIA-Methode durch Kopfschuss hingerichtet. Bürgerinnen und Bürger! Der ausgebeutete Transportfahrer ist dieser Kunstspekulanten-Mafia zum Opfer gefallen! Und hier wird von neuen Märkten und Gewinnen schwadroniert? Ja, hallo? Geht's noch? Wie zynisch ist das denn?«

Dorrit Erbrecht-Spirenzi kann sich gerade noch das Mikrofon greifen, um Fredo Friedelstein ihr mutiges Statement entgegenzuschleudern: »Du, das macht ja auch etwas mit einem!«, bevor sich die Zuschauermenge in eine kritisch-dynamische Masse verwandelt.

Mit einem Mal entrollen Zuschauer im besten Alter und darüber Protestplakate. Die aus der Straßenverkehrsordnung entlehnten Motive beeindrucken mit originellen Überschriften, die pensionierte Kreativ-Direktoren aus Frankfurter Werbeagenturen beigesteuert haben. Als einige agile Rentner ihre Schuhe ausziehen und bedeutungsvoll in Richtung Friedelstein und des Moderators winken, die sie als Anzugträger und Feinde des Volkes ausgemacht haben, eskaliert die Situation. Von gerechter Sache befeuert, stürmt eine Handvoll atmungsaktiver Allwetterjacken nach vorne, um sich die Mikrofone zu schnappen. »Wir sind das Volk!«, schreien die entfesselten Aktivisten in anrührend deutsche Geschichte zitierender Kollektivität. Eine Yogalehrerin wirft Demeter-Hustenbonbons gekonnt und kraftvoll auf alle männlichen Anzugträger. Ihre Körperspannung entlädt sich mit jedem Wurf im Zurückschlagen ihrer asymmetrischen Haartolle in den kurz rasierten grauen Nacken. Ein drahtiger Einundsiebzigjähriger, ein durch Fastenwanderungen gestählter ehemaliger Beamter der Reichsbahn, stürmt auf das Podium und knallt Friedelstein einen braunen Farbbeutel aufs Ohr. Bevor er festgehalten werden kann, macht sich der wackere Wutbürger auf seinen Jack-Wolfskin-Wandersandaletten vom Acker. Da landet eine geworfene Espressotasse am Kopf des Kulturredakteurs Sebastian Schlohamsel. Dr. Schlohamsel hat dem Treiben bisher teilnahmslos zugeschaut. Jetzt setzt er dem Volksbegehren durch den Einsatz eines Feuerlöschers ein Ende. Weiß spritzt der Löschschaum in die Augen der rüstigen Revolutionäre und bremst jäh den Volkssturm. Die halb blinden Angreifer machen auf der Hacke kehrt und brechen sich den Weg quer über die Stuhlreihen zum Licht des Ausgangs frei.

Ellen und ihre Sekretärin werden von der zurückdrängenden Leiberflut von den Stühlen gerissen. Panisch trampeln die Best-Ager über die beiden Frauen weg. Ich stürze zu Ellen und Marie in die Saalmitte. Dem Volksvertreter, der sich gerade in Richtung Ellen vorarbeitet, weise ich durch einen Tritt in den saturierten Allerwertesten den rechten Weg. Dem akademischen Silberrücken, der mit seinem atmungsaktiven Deichmann-Bequemschuh auf Marie-Claire Gascoignes Arm steht, haue ich die modische Fielmann-Gleitsichtbrille vom Kopf. Auch auf dem Podium finden Rangeleien statt. Fredo Friedelstein wird von einem Nussknackergesicht an seiner Krawatte gezogen, während eine ganz in Orange gekleidete Mitstreiterin ein Pappschild mit der Aufschrift »Genug ist genug!« auf seinem Rücken tanzen lässt.

Plötzlich ist die Panik ebenso schnell verschwunden, wie sie aufgekommen ist. Der Saal Boston im Marriott InterContinental in Frankfurt am Main, in dem eben die empörte Volksseele hochgekocht ist, hat sich geleert.

Marie-Claire Gascoigne hat ordentlich was abbekommen. Sie liegt am Boden. Vorsichtig stellen wir sie auf die Beine. Ihr Arm ist oberhalb der Handwurzel abgeknickt. An dieser Stelle ist kein Gelenk vorgesehen. Das schmerzt schon beim Hingucken. Marie schaut uns fragend an. Sie spürt und begreift nichts. Schief steht sie auf einem ihrer Hackenschuhe. Sie hat einen Schock. Wir bringen sie direkt ins St.-Marienkrankenhaus im Frankfurter Nordend, wo sie mit einem Schlafmittel eingelagert wird. Wie Ellen und ich hören, wird Maries gebrochener Arm gerichtet und am nächsten Morgen verschraubt werden.

Am Ausgang des Krankenhauses stehen Aschenbecher. Die Ärzte, die eben bei der Visite vom Rauchen abgeraten haben, ziehen sich hier zusammen mit ihren Patienten eine Zigarette rein. Ellen und ich schließen uns mit einer Camel ohne an. Raucher vor Krankenhausportalen reden nicht. Also rauchen wir schweigend. Dann bringe ich Ellen im Opel GT in ihr Appartement in der Frankfurter City.

# SCHICKSALSJAHRE EINER KAISERIN

»Kommst du noch auf einen Kaffee mit rauf?«, haucht Ellen mit vor Verlegenheit heiserer Stimme.

»Du willst mir wohl deine Briefmarkensammlung zeigen?« Dieser extrem coole Joke haut Ellen direkt aus den Latschen. Dankbar lacht die strohblonde Beauty auf. Solche originellen Sprüche, wie gerade das Ding mit den Briefmarken, kann man übrigens nicht lernen. So was fällt einem nur ganz spontan ein. Beide lachen wir, bis uns die Rippen wehtun. Ey, Mann, das ist ja echt mal ein Hauptspaß!

Wieder steht eine Treppe am Anfang einer erotischen Episode. Ein lupenreines Déjà-vu, sollte man meinen. Doch leider sollte dieses amouröse Abenteuer mit meiner charmanten Auftraggeberin recht bald über einer Toilettenschüssel enden.

Und das kam so:

Ellen zieht mich die Wendeltreppe zur Schlafzimmergalerie ihres Appartements hinauf. Beinahe schmerzhaft presst ihre schlanke Hand meine Fingerknöchel zusammen. Schweißperlen glitzern im Nacken ihres flaumigen Haaransatzes. Kleine Dampfwolken ziehen an ihren geröteten Öhrchen vorbei Richtung Raumdecke. Richtung Himmel, so möchte man ausrufen. Auf halbem Weg erträgt Ellen die Spannung nicht länger und dreht sich zu mir um. Der Schmelz ihrer Schneidezähne blitzt aus ihren feuchten Lippen hervor. Mamma mia! Diese Frau ist wirklich heiß.

Ellen presst mich gegen das Treppengeländer. Ihr gestöhntes »Oh Jürgen, du *Dinkel!*« wird durch die hölzerne Treppenkonstruktion wie durch einen gigantischen Vibrationskörper verstärkt. Die Wendeltreppe gerät in Schwingungen. Kitt rieselt aus der Verankerung der Wandbefestigung. Halb irre, mit hervorgetretenen Augäpfeln lässt Ellen kurz von mir ab. Behände wie eine Bergziege erklimmt sie die Treppenstufen, um mich auf der obersten Liebesgalerie zu erwarten. Närrisch vor Verlangen schreit sie: »Komm zu mir!« Ellen reißt sich mit einem Ruck die Jacke des dunkelblauen Businesskostüms vom Leib. Die 585er-Echtgold-Knöpfe ihres Oberteils spritzen durch die Gegend. Ellens gewaltige *Tofu* leuchten mir entgegen wie zwei in der warmen Côte-d'Azur-Brandung schaukelnde Hochseebojen. Dieses herrliche Bild sollte für Stunden das Letzte sein, was ich zu sehen bekomme. Denn auch ich kenne nunmehr kein Halten: Mit einem Satz überspringe ich die letzten Treppenstufen. Blöderweise rutsche ich auf der von unserem Transpirationsdampf genässten Stufe aus und schlage mit der Stirn volle Kanne auf die Kante der Hartholztreppe. »Damned!« – ich werde ohnmächtig.

Viele Stunden später wache ich in der Nachmittagssonne auf. In Ellens Schlafzimmer. Mit einem dicken Verband um den Kopf. Von Ellen ist weit und breit keine Spur. Ein surreales Gemälde mit einem farbenfrohen Leipziger Allerlei glotzt von der gegenüberliegenden Wand. Die Farbpalette erinnert mich an Brausestäbchen von Frigeo. Ist Dali sozialistischer Realist gewesen? Mein Kopf dröhnt mächtig. Besser, ich bleibe noch ein Weilchen liegen. Aus Langeweile greife ich mir das Buch eines mir unbekannten Autors von Ellens Nachttisch, um ein bisschen zu schmökern. Nach wenigen Sätzen wird mir derart übel, dass ich es gerade noch schaffe, mich aus dem Bett zu hieven. Ich stürze direkt gegenüber ins Badezimmer zur Toilettenschüssel. Dort kotze ich mir die Seele aus dem Leib. Bis auf den letzten Tropfen bitterer grüner Galle. Dann ordne ich das Bett und lege das Buch dieses Peter Handke auf den Nachttisch zurück.

Mein iPhone 9 zeigt eine neue Message. »Hi luv, Im in c OS. The cops R in 2. Com s fast U can. Bf 2L8. Hdgdl, biba – Ellen.« Wtf! Nach dieser Ansage ist keine Zeit zu verlieren. Ich knote das lose Ende meines Kopfverbandes am Geländer der Galerie fest und springe fünf Meter tiefer ins Erdgeschoss. Das erspart das Abwickeln der Mullbinde. Beim Abrollen unten auf dem

Eisbärenfell reißt mir der festgetrocknete Verband mit einem Ruck ab.

Blut strömt über mein Gesicht. Rot trübt es mir das Augenlicht. Doch das stört mich nicht.

Als die Tachonadel des Opel GT hinter Frankfurt-Bonames bei hundert Stundenkilometern zittert, kurbele ich die Seitenscheibe herunter, strecke meinen Kopf mit der Platzwunde vor die Windschutzscheibe und betätige die Scheibenwaschanlage, um mir das Blut aus dem Gesicht spritzen zu lassen. Das Scheibenwaschwasser mit dem Instant-Karma-Fluid-Zusatz aus der Esoterik-Ranch läuft über mein Gesicht. Der Riss in der Stirn schließt sich augenblicklich wie von Zauberhand. Der Blutstrom erlischt. Die Kopfschmerzen sind weggewischt. Ich fühle mich erfrischt.

Im IAC in Bad Homburg steht die Eingangstür offen. Marie-Claire Gascoignes Platz ist leer. Ihr zierlicher Rokoko-Schreibtisch droht unter Stapeln von Kisten mit Aktenordnern zusammenzubrechen. Polizeibeamte rempeln wie die Möbelpacker mit Umzugskartons durch die offenen Bürotüren. In Ellens Büro haben sich einige Leute zu einer Besprechung versammelt. Der Anwalt der International Art Consultants, Fredo Friedelstein, ist auch dabei. Seine karierten Hosen, sein Ralph-Lauren-Poloshirt, die schwarz-weißen Golfschuhe und die froschgrünen Röckl-Lederhandschuhe zeigen, dass er sich direkt vom Golfplatz hierher bemüht hat. Hauptkommissar Erik Odecker hat die Anwesenden schon verhört. Er vermerkt etwas in seinem kleinen Notizblock. Mit kurzem, angespitztem Bleistift. Ganz Kriminalermittlungsbeamter, ohne aufzublicken und scheinbar interesselos. Aber ich weiß: Der alte Fuchs ist hellwach. Odecker überblickt alles wie eine achtäugige Spinne. Ellen schaut besorgt zu mir rüber. Mein Zunicken spendet ihr ein Quantum Trost.

Die Anwesenheit einer Person kann ich mir nicht erklären: Was hat Dorrit Erbrecht-Spirenzi hier zu suchen? Die große Vorsitzende lümmelt auf einem Schreibtisch und lässt ihre Beine wie ein Teenager von der Tischkante baumeln. Ich klopfe mal bei ihr an. »Hey, Frau Spirenzi, wie läuft's im Verein? Ich wollte mal anfragen, ob ich, wenn Sie mit dem Koreaner durch sind, mal was ausstellen könnte.«

Erbrecht-Spirenzi ist belustigt: »Hä, was? Entschuldigen Sie, jetzt muss ich mal fragen, mit wem habe ich denn das Vergnügen?«

Friedelstein meckert ein leises »He-He-He«.

Ellen antwortet, mir zuvorkommend: »Das ist Jürgen, Herr Jürgen McBride. Der private Ermittler, den wir zur Wiederbeschaffung des Beuys-Artworks beauftragt haben.«

Erik Odeckers Blick wandert herüber zu Ellen, zu mir und wieder zurück zu Ellen. Das alte Schlitzohr aus Ostdeutschland, formerly known as Deutsche Demokratische Republik, hört die Flöhe husten.

»Aber Sie müssen mich doch kennen, Frau Vorsitzende. Ich bin Mitglied bei uns im Kunstverein«, gebe ich Spirenzi Auskunft. »Ich habe Ihnen auf unserer Mitgliederversammlung doch groß und breit über mein Hobby, die Malerei, erzählt.«

»In der Tat, jetzt erinnere ich mich«, lächelt Erbrecht-Spirenzi mitleidig. »Tja, mein Lieber, das ist alles ganz wunderbar.« Dorrit wendet sich ab.

Ich lasse nicht locker »Und Sie, Frau Spirenzi, was treibt Sie denn nach Bad Homburg?«

»Äh, was? … Ich suche hier einen beruflichen Rat. Es geht um eine Bewertung zur anstehenden Ausstellung von Wah Rum Daht, dem koreanischen Künstler, wenn Sie's genau wissen wollen. Von dem haben Sie ja wohl gehört, was? – Tja also dann, Ellen! Und danke. Ich muss dann mal wieder. Tschühüüs!« Ehe wir uns versehen, rutscht der Zopf mit vier grünen Jadeperlen von der Schreibtischkante und ist nach draußen gehüpft.

Erik Odecker zieht mich am Jackenärmel aus dem Zimmer. »Was soll der Quatsch?«

»Was meinst du, Erik?«

»Das mit der Pinselei. Du kannst doch nicht mal eine vernünftige Tatortskizze zeichnen.«

»Hast du keine Hobbys? Was anderes: Wie wäre es mit einem kleinen Informationsaustausch?«

»Hm.«

»Gibt es eine Spur von dem Kurierfahrzeug?«

»Nichts Greifbares, ist immer noch verschwunden. Der Fahrer ist dreifacher Familienvater. Ohne Vorstrafen. Ist also eher unverdächtig. Der Transporter ist noch nicht gefunden worden. Sieht nicht gut aus für den Fahrer. Was ist mit dieser Kunstvorsitzenden, Jürgen? Warum bist du an der dran?«

»Sie hat die richtigen Kontakte. Sie könnte von dem Transport gewusst haben.«

»Wie das?«

»Vielleicht über die Sekretärin Gascoigne, vielleicht über Friedelstein. Spirenzi kennt die Leute, die für einen Ankauf des geklauten Beuys infrage kommen, zum Beispiel jemand wie der Kunstmäzen Jobst von Wehjsche.«

»Jobst wie?«

»Jobst von Wehjsche.«

»Schreib ich mir auf.«

»Bis demnächst, Erik.«

»Man sieht sich.«

Bei dem Auftrieb an Untersuchungsbeamten ist an eine Fortsetzung des Treppen-Abenteuers mit Ellen nicht zu denken. Ich hauche ihr ins Öhrchen: »Wir telefonieren, meine kleine *Tofu!*« Nach dieser Ansage vibriert Ellen wie ein Dieseltraktor im Dezemberfrost. Jederzeit bereit, den Acker unserer Leidenschaft umzupflügen. Unter den Blicken Friedelsteins und des Hauptkommissars Odecker muss sie sich aber beherrschen. Sie antwortet kühl: »Das können wir gerne so machen, Herr McBride.« Eine Frau dieses Kalibers bewahrt unter allen Umständen ihre Contenance.

# DES MENSCHEN BESTER FREUND

Es ist spät am Abend, als der Opel GT und ich die Taunushänge hinabgleiten. Die Frankfurter City strahlt in der untergehenden Sonne orange. Lichtfontänen aus Hunderttausend hellen Punkten der Hochhausfenster schießen aus dem Maintal in den Himmel. Uns beiden bietet sich ein Blick über eine Skyline, bei der sich Berlin, Hamburg und München hinten anstellen müssen – aber ganz hinten. Dieser Sommerabend ist einfach zu schön, um ihn allein in der Gummistiefelfabrik zu verbringen.

Ich lasse den Opel entscheiden, was wir noch unternehmen. Der Sportwagen steuert eine vierspurige Straße im Industriegebiet westlich des Hauptbahnhofs an. Das hätte ich mir ja denken können. Am Rand der City biegt der Opel von der Gutleutstraße ab und bringt uns schnurstracks zu unserer Lieblingstrinkhalle am Mainufer. Malerisch unter zwei Eisenbahnbrücken gelegen, bietet diese Trinkhalle alles, was Kenner internationaler Top-Locations, wie man sie in Malibu oder in St. Tropez findet, erwarten dürfen. Mit einer Riesenauswahl an Bierspezialitäten ist dieser In-Place höchsten gastronomischen Standards verpflichtet. Getreu dem Wahlspruch des Hauses »Es gibt keine problematischen Wünsche, sondern nur interessante Herausforderungen« kann der Gast hier wählen, ob er seine Rindswurst schonend im Wasserbad oder express in der Mikrowelle erwärmt haben möchte.

Ich werfe mich in einen Liegestuhl auf dem Sandstrand am Mainufer. Mit halb geschlossenen Augen lasse ich den Rauch meiner Camel ohne aus dem Mund qualmen. Wie mein großes Vorbild, der französische Schwerenöter Serge Gainsbourg. Gott hab ihn selig! Der Trinkhallenbesitzer Gustav bringt mir ein auf den Punkt temperiertes Binding Export. Ich finde, was ich im Brahma Rescue Center vermisst habe: Seelenruhe. Niemand erwartet hier etwas von dir. Niemand korrigiert dich. Man schaut Vater Main zu, wie er so vor sich hin fließt. Seit ewig und drei Tagen in die gleiche Richtung. Man beobachtet die vorbeiziehenden Lastkähne, genießt ein Binding Export aus der Halbliter-Einheit und raucht. Wer sich geistig verausgaben möchte, liest auf den Kähnen die Länge und Breite ab, die in weißen Ziffern auf die Schiffsrümpfe gemalt sind.

Der GT hat sich nicht ganz frei von Eitelkeit direkt am Flussufer geparkt. Seine Silhouette zeichnet im Spiegellicht des Flusses die weichen Formen einer liegenden Coca-Cola-Flasche nach. Ein Opel GT trinkt und raucht übrigens auch gern. Nicht nur das haben der kleine Racker und ich gemeinsam. Ganz ehrlich: Ich finde, man muss einen Opel einfach gernhaben. Wer einmal erlebt hat, wie sich so ein liebes Wesen freut, wenn man morgens runter auf den Parkplatz kommt und mit dem Wagenschlüssel klingelt, der weiß, was ich meine. Wenn er mir mit seinen Schlafaugen-Scheinwerfern zublinzelt, ist er wirklich ein ganz ein Goldiger. So eine bedingungslose Treue findet man bei keinem Menschen. Ja, Opel GT, du bist ein ganz ein Braver. Ja fein! Wo isser denn? Jaa – jetzt ist gut. Ja, fein machst du das! So, jetzt ist aber gut jetzt. Aus!

Ein Mann kann keinen besseren Freund finden als einen Opel GT. Mittlerweile bin ich, glaube ich, beim fünften Bier angelangt. Ich trinke zwar keine zehn Liter auf hundert Kilometer, aber drei bis vier Liter können es schon mal werden.

Die meisten Gäste der Trinkhalle sind kurz nach Mitternacht gegangen. Bis auf einige Leute vom Management-Team des Kiosks, die im Schein der Baumarktstrahler die leeren Bierpullen einsammeln und die Bänke mit Ketten aneinanderschließen. Mit Gott und der Welt einverstanden, zünde ich mir noch eine Camel ohne an. In der entspannten Atmosphäre greife ich mir, statt bei meiner Stammmarke Binding zu bleiben, irgendeine Biersorte aus dem Kühlschrank des Kiosks. Es ist ein Warsteiner.

Das hätte ich nicht tun sollen.

Mit aufgeblendeten Scheinwerfern rast ein Wagen den Fahrradweg auf die Trinkhalle zu. Einen Meter vor dem Bretterverhau des Kiosks stoppt der schwarze Mercedes im Blumenbeet und bügelt die frisch gepflanzten Stiefmütterchen der Urban-Gardening-Initiative platt. Aus dem Wageninneren wummern die Bässe der Tausend-Watt-Anlage und lassen Gläser und Flaschen auf den Bierbänken vibrieren. Der nölige Sprechgesang des notorischen Hip-Hoppers Eminem zersägt die stille Nacht. Drei Muskelpakete wuchten sich aus dem Daimler, einer S-Klasse aus den Neunzigern. Verhunzt mit Spoilern und einer Spurverbreiterung. Die Jungs haben sich die Kapuzen der Adidas-Blousons tief über ihre Basecaps gezogen.

»Gib ma drei Bier!«, schnauzt einer den Kioskbesitzer Gustav an.

»Tut mir leid, Freunde, für heute ist leider Schluss. Seid so nett und kommt morgen wieder. Mittags ab zwölf ist wieder offen.«

»Red keine Scheiße, da drüben sitzt doch noch so'n Wichser.«

»Hey-hoh, hip-hop, u massafakka! Stay cool«, beruhige ich die Boyz im Streetstyle-Slang unserer modernen Zeit. Meine toughe Ansage sollte eigentlich reichen, um die Kerle zu downgraden. »Ich chille nur mein Bier zu Ende und mache dann auch den move«, füge ich auf den berechtigten Einwand des jungen Mannes hinzu. Es wäre schade, wenn diese wundervolle Nacht durch einen unnötigen Streit verdorben werden würde. Wie immer setze ich auf erprobte Deeskalationstechniken, wie ich sie so oft erfolgreich an Brennpunkten auf der ganzen Welt (Stichworte: Bronx und Osthessen, 1993–1998) angewendet habe. Durch Achtsamkeit und gegenseitige Wertschätzung löst man solche, ich sag mal, in Anführungszeichen, »schwierigen Situationen« kinderleicht.

»Wer hat dich denn gefragt, du Arschlöcher?« Vor dem Licht der Baumarktstrahler schiebt sich die kantige Silhouette eines Muskelberges heran. Hinter seinem breiten Rücken folgen zwei Typen, die mit ihren hart gemeißelten Gesichtern und ihren Kevin-Prince-Boateng-Undercuts keinen diskussionsbereiten Eindruck machen. Als ich zu dem vorderen Fleischschrank hochblicke, fällt Licht auf sein breites Gesicht. Sein grausamer Mund verzieht sich zu einem Grinsen und entblößt ein schadhaftes Gebiss. Der Gigant zieht die verspiegelte Pornobrille von seinem Hohlblock und präsentiert ein hübsches Veilchen. Er fixiert mich wortlos. Ich weiß offen gestanden mit dem Geglotze nichts anzufangen und frage höflich nach: »Kennen wir uns?«

»O ja, mein Freund! Wir waren bei dir zu Besuch. Hast du das vergessen? Mein Bruder und ich«, raspelt er mit heiserer Stimme.

Ach du meine Fresse! Die beiden Violation-Maniacs aus meinem Loft. Das Veilchen kommt von der Adilette, die ich dem Typen hinterhergeworfen habe. »Das ist Ihr Bruder gewesen?«

»Was soll das heißen? Wo ist mein Bruder? Ist er noch in U-Haft?«

»Nicht direkt.«

»Was heißt ›Nicht direkt‹, du Wichser?«

»Sie sollten sich nicht länger Sorgen machen. Ich muss Ihnen leider mitteilen, dass Ihr Bruder verstorben ist.«

»Du willst mich verarschen. Ich bring dich um!«

»Mein aufrichtiges Beileid. Aber ich kann Sie trösten, er musste nicht lange leiden. Ich habe ihn genau zwischen den Augen erwischt.« Ein wenig Jagdstolz wegen des sauberen Treffers kann ich mir nicht verkneifen und ergänze schmunzelnd: »Blattschuss.«

Was sich nun im Gesicht des lupenreinen Nicht-Demokraten abspielt, lässt sich kaum in Worte fassen. Die Mordlust eines tollwütigen Wolfes bricht aus seinen Zügen hervor. Dann wieder zittert sein fleischiges Gesicht wie die Schnute eines flennenden Kleinkindes. »Mein einziger Bruder, mein geliebter kleiner Wladimir«, stammelt der Hüne. Er kann seine Tränen nicht zurückhalten. Seine beiden Outlaw-Kumpels, Deso Danny und Ecstatic-Erkan, drängen nach vorn. Die beiden können es nicht abwarten zuzuschlagen. »Lass uns den Typen kaltmachen, Vitali.« Doch vor den beiden explodiert Vitali wie ein Tyrannosaurus-Rex-Weibchen, das im Jurassic Park sein einziges Küken tot auffindet. Mit einem Schrei, der die hängenden Zweige der Trauerweiden am Mainufer in die Waagerechte bringt, stürzt sich der, durchaus ein Stück weit nachvollziehbar, emotional betroffene Kämpfer auf mich.

Eines muss man diesen Burschen lassen: Mut haben sie. Dem ersten Ansturm des vitalen Vitali setze ich noch nichts entgegen. Seine Attacke lasse ich mit einem Sidestep ins Leere laufen. Vitali schlägt mit seinen auf fünfzig Stundenkilometer beschleunigten hundertzwanzig Kilo Körpermasse in die Bierbankgarnitur ein. Unter seinem gewaltigen Schädel zersplittert sie wie ein Balsaholz-Modell. Das Glaspfand meiner sechs Halbliterflaschen geht hierbei bedauerlicherweise mit verlustig.

Als die beiden Kampfsportler, Ecstatic-Erkan und Deso Danny, ihren Anführer schnaubend zwischen den Holzbrettern herumkrabbeln sehen, steigen sie in den Fight ein. Soweit ich das an ihrer Kampfhaltung im Halbdunkel erkennen kann, sind die beiden Wing-Sung-Fighter der Offenbacher Schule. Das ist eine Untergruppe des internationalen Wing-Sung-Verbandes, der alle meditativen Teile der fernöstlichen Kampfkunst aus dem Ausbildungsprogramm gestrichen hat und sich rein auf die Ausübung hemmungsloser Gewalt konzentriert.

Wütend wischt Vitali die zerborstenen Biertische wie Taschentücher beiseite. Auf einen Pfiff ihres Chefs greifen Deso Danny und Ecstatic-Erkan an. Danny feuert einen Overdrive-Jap ab, den ich locker abblocke. Erkan katapultiert sich mit beiden Füßen voraus und versucht einen Doublefeet-Bumper zu landen. Nice try, boys. Vitali will mich von hinten mit seinen Pranken am Hals packen. Eine tausendstel Sekunde bevor seine Eisenklauen zuschnappen, ramme ich ihm den Ellenbogen eine Etage höher ins linke Auge. Jetzt trägt er zwei Veilchen, der alte Blindfuchs. Falls das alles bleiben sollte, was der Bursche heute Abend noch einstecken muss.

Bei allem Verständnis für den Bewegungseifer der jungen Offenbacher ADS-Fighter – ich kann die Freaks beim besten Willen nicht länger gewähren lassen. Bisher haben mich meine Reflexe dank der von mir entwickelten Megatron-Technik (das ist die wissenschaftliche Bezeichnung für eine Reiz-Reaktions-Verkürzung, bei der die Informationsträger, die für die Muskelkontraktion verantwortlich sind, mehrere Synapsen auf einmal überspringen) vor ernsthaften Treffern behütet. Aber es ist spät und ich habe langsam genug von den drei Spinnern. Ecstatic-Erkan greift erneut an und gibt dabei den Blick auf die innere Naht seiner Puma-Jogginghose frei. Ich pflanze ihm einen sorgfältig platzierten Tritt mit der Schuhspitze ins Allerheiligste. Seine Augen weiten sich ungläubig. Wie zum Beten sinkt er auf die Knie. In dieser Haltung verharrt er wie tiefgefroren und beobachtet das Geschehen mit aufgerissenen Augen und schmallippigem Mund wie ein frisch geficktes Eichhörnchen. (Sorry. Man kann das wirklich nicht anders formulieren.) Der blauäugige Vitali schießt halb blind einige Punches ab, um mir den Schädel zu brechen. Aufgrund seiner Reichweite und seiner enormen physischen Kraft sind seine nach körperlicher Nähe suchenden Schläge nicht ganz ungefährlich. Deso Danny hat sich die Metallstange eines Sonnenschirmständers organisiert und wechselt von der Kickbox-Attacke zum Stockkampf im Stile der Offenbacher Shaolin.

Gustav steht müde auf der Veranda der Trinkhalle und will endlich abschließen. Als Danny mit der

Metallstange nach meinen Kopf zielt, nutze ich seinen Angriffsschwung, reiße ihn mit der Stange nach vorn und lasse ihn über meine Hüfte in den Sand stürzen. Aus der Hocke will er wieder auf mich losgehen. Mein rechter Haken trifft auf den Punkt. Es kracht trocken wie Knäckebrot, als sein Nasenbein bricht. Wie ein mit einem Dumdum-Geschoss niedergestreckter Elefantenbulle kippt er zur Seite und bleibt still im warmen Sand des Mainstrandes liegen.

Jetzt gilt es, den siegverwöhnten Vitali zur Räson zu bringen. Ein letztes Mal versuche ich sein wenig hilfreiches Verhalten gewaltfrei zu stoppen. Außer Reichweite seiner mörderischen Fäuste strecke ich ihm eine offene Hand entgegen. Hoffentlich weiß Vitali diese Geste als Sportsmann zu nehmen. Es wäre doch vernünftig, wenn wir die unangenehme Sache mit seinem Bruder Wladimir einen Moment vergessen könnten. Um auf einen guten Verhandlungsweg zurückzukehren. »Hör mal, Vitali, dein Bruder Wladi…« Weiter komme ich nicht. Sein rechter Schwinger landet wie ein Vorschlaghammer an meiner Schläfe. Der Ton der großen Glocke der Kathedrale von Kiew, des Patriarchen, der sonst nur zu Ostern geschlagen wird, klingelt von den Ohren und bis zu den Fußzehen. Ich versuche gegen eine Ohnmacht anzukämpfen. Über mir holt der Riese mit seiner Riesenfaust zum tödlichen Schlag aus. Bevor der russische Sputnik auf mich niedersaust, lasse ich mich auf den Boden fallen und werfe ihm eine Handvoll Sand in die Augen. Diesen Trick kenne ich aus den Western-

Wiederholungen auf Tele 5. Er funktioniert tatsächlich. Zumal die beiden Sehwerkzeuge des Aggressors durch den Wurf mit der Adilette und durch den Ellenbogen-Check schon lädiert sind. Er versucht sich mit seinen Riesenpranken den Sand aus den Augen zu reiben. Das ist das Dümmste, was man in dieser Situation machen sollte. Blind tappt Vitali wie ein Zombie in der Pampa herum. Ich schnappe mir die für die Sicherung der Bierbänke bestimmte Kette, wickele den orientierungslosen Killer zu einem hübschen Paket zusammen und kette ihn an den Fahrradständer der Trinkhalle.

»Kann ich jetzt Feierabend machen?«, will Gustav wissen. Er wartet noch immer vor der Trinkhalle. »Klar, aber gib uns noch 'ne Flasche Wodka raus. Und zwei Bier zum Nachspülen. Aber nicht wieder Warsteiner. Du hast ja gesehen, wo das hinführt.« Wir beide brüllen vor Lachen. Um ehrlich zu sein, auch ein kleines bisschen vor Erleichterung. Gustav macht sich auf den Heimweg. Noch lange höre ich ihn in die blauschwarze Nacht der Hauptstadt des Verbrechens hineinkichern, als er am Horizont in Richtung Frankfurter Westhafen verschwindet.

Vitali hat die Ausweglosigkeit seiner Lage begriffen. Er kauert mit angezogenen Knien auf dem Boden und blickt mich aus seinen panierten Augäpfeln hasserfüllt an. Ich schraube die Wodkaflasche auf und halte sie dem ukrainischen King Kong unter die Nase. Wie ein durstiges Rehkitz nuckelt Vitali die halbe Flasche in einem hinunter. Schweigend sitzen wir nebeneinander.

»Smirnoff«, bricht Vitali sein sibirisches Schweigen, »guter Wodka.«

»Was wolltet ihr in meiner Wohnung?«

»Wir suchen die Zeichnung.«

»Welche Zeichnung?«

»Was weiß ich, die mit dem Tier, die Schwanzmaus.«

»Du meinst die mit dem Eichhörnchen?«

»Ja, mit dem Scheißeichhörnchen.«

»Wer hat euch da hingeschickt?«

»Die *Tofu* aus Bad Homburg.«

»Welche *Tofu* … Meinst du Ellen von Unschwer?«

»Nein, nicht diese *Soja.* Die andere. Die mit dem Katzen-T-Shirt, die verdammte *Tofu.*«

»Gascoigne?«

»Ja, verdammt!«

»Nein?!«

»Doch!«

»Nein!«

»Doch!«

»Ohh!«

»Was hat sie euch gesagt?«

»Dass du die Scheißzeichnung von diesem Starek Joseph hättest. Die wertvolle Schwanzmaus.«

»Die Beuys-Zeichnung mit dem Eichhörnchen. Wieso hat sie die Zeichnung ausgerechnet bei mir vermutet?«

»Woher soll ich das wissen?« Vitali nimmt einen Schluck Wodka und schweigt.

Streetfighter Ecstatic-Erkan kniet, seit er den Tritt in seine innere Mitte bekommen hat, in unveränderter

Haltung im Sand und glotzt schmallippig mit Eichhörnchenblick vor sich hin. Ich nehme den Schlüssel für Vitalis Kettenschloss, der an einem Geschenkband befestigt ist, und hänge ihn dem Bruder aus dem rechtgläubigen Teil Offenbachs als Orden um den Hals. Wenn er in einer halben Stunde wieder gehen kann, wird er seinen Chef befreien. Ich klopfe ihm mit einem aufmunternden »Allah wird's schon richten« auf die Schulter. Er schaut mich stumm an. Aus seinen Augen spricht tiefe Dankbarkeit.

Für mich gibt es hier nichts mehr tun.

# RÜRUP UND HARTZ IV

Der Morgen in der Gummistiefelfabrik wird wie immer von dem Gezwitscher der heimischen Singvögel begrüßt. Daran störe ich mich nicht mehr. Ganz im Gegenteil! Ich bin zu einem Liebhaber und Kenner unserer gefiederten Freunde gereift. Deutlich weiß ich das muntere »Tschripp, tschripp, zöhü« des Grünkönig-Weibchens vom ordinären »Rüülli, rülli, rüllpssii« des gemeinen Wiesenhäublings zu unterscheiden. Melodisch ertönt das »Ristarr, Riester, Titipp, Titip« des brünstigen Strauchzeisers. Und selbst der in unseren Breiten leider allzu selten gewordene halbe Rotröhrling lässt heute Morgen sein unbeschwertes »Rürupp, Rürup, Haaazzvüiiih, Haarrzzvüührr, Hartzvier« erklingen.

Nach der Auskunft von Vitali in der letzten Nacht wird es Zeit, Marie-Claire Gascoigne, der Sekretärin des IAÇ, etwas auf den Zahn zu fühlen. Im Frankfurter Marienkrankenhaus jogge ich die Treppenstufen hoch zur Unfallabteilung im ersten Stock. Im Gang empfängt mich der typische Krankenhausgeruch aus Desinfektionsmittel und Hühnersuppe, der einen am liebsten gleich wieder umdrehen lassen möchte. Marie-Claire Gascoigne liegt mit erschüttertem Gehirn und geschientem Arm allein in einem Dreibettzimmer. Als ich eintrete, schläft sie. Ungeschminkt, mit verklebtem Haar, im Schlaf lächelnd, sieht sie aus wie ein kleines Mädchen. Von ihrem mondänen Auftreten als Chefsekretärin in Leopardenbluse oder als Hohepriesterin in Seidentunika ist nichts übrig. Ich lege meine Mitbringsel, eine Aktionspackung Raffaello (zwei Raffaello gratis, zweihundertdreißig Gramm für nur drei Euro und neunundvierzig Cent) und die neuste Gala, auf ihren Nachttisch und warte. Es dauert eine Weile, bis sie aufwacht und mich erkennt. Sie schaut sich in dem Krankenhauszimmer um, nimmt wortlos die Raffaello und feuert sie mit dem gesunden Arm durchs Krankenzimmer. Sie schlägt die Gala auf und hält sie sich vor die Nase. »Was wollen Sie, McBride?«

»Vielen Dank für die Raffaello und die neue Gala, Herr McBride, heißt das.« Marie-Claire Gascoigne blickt mich wütend über den Zeitschriftenrand an. »Frau Gascoigne, Sie wissen warum ich hier bin. Sie haben mir die Knarre in den Briefkasten gesteckt, stimmt's? Ist das die Waffe, mit der Johannes W. Körner und sein Hund am Eisernen Steg erschossen worden sind?« Schweigend vertieft Marie sich in einen Artikel über die Heiratswünsche von Prinz Harry. »Marie, wenn das dieselbe Waffe ist, dann sind da Ihre Fingerabdrücke drauf. Ich liefere das Ding bei der Polizei ab. Ich glaube nicht, dass das einen guten Eindruck hinterlässt.« Natürlich werde ich das nicht tun. Immerhin ist das die Wumme, mit der ich Wladimir den Wüterich weggepustet habe. Sofern die Kugel nicht von Dr. Unbehagen aus seinem Schädel entfernt wurde, steckt sie noch als Beweisstück im Kleinhirn des Großrussen.

Marie lässt die Gala auf die Bettdecke klatschen. »Okay, ich habe Ihnen die Pistole in den Briefkasten gesteckt. War's das jetzt?«

»Wie sind Sie zu der Pistole gekommen?«

»Sie lag auf dem Boden. Ich hab sie aufgehoben.«

»Wo hat sie gelegen?«

»Vor der Parkbank, auf der Johannes gesessen hat.«

»Sie meinen, Johannes und sein Hund?«

»Was soll das jetzt mit dem Hund?«

»Waren die beiden da noch am Leben?«

»Nein, natürlich nicht. Johannes hatte ein Loch im Kopf, genau zwischen den Augen.«

»Der Hund doch auch, oder?«

»Mister McBride!« Marie-Claire Gascoigne wird auf einmal sehr förmlich. »Ich fühle mich augenblicklich nicht recht wohl. Wenn Sie mir jetzt noch einmal mit dem Scheißköter kommen, raste ich aus. Mit oder ohne gebrochenen Arm.«

»Waren Sie mit den beiden verabredet? Ich meine, Sie waren mit Herrn Körner verabredet?«

»Richtig.«

»Wann?«

»Um sechs Uhr morgens.«

»Warum wollten Sie sich zu so einer ungemütlichen Zeit treffen?«

»Das geht Sie nichts an.«

»Das muss ich aber wissen.«

»Dann finden Sie's allein raus. Oder auch nicht. Sagen werde ich dazu nichts, McBride.«

»Warum haben Sie eigentlich die Pistole aufgehoben und in meinen Briefkasten geworfen?«

»Das war eine Art Kurzschlusshandlung. Ich wollte ... Irgendwie hatte ich plötzlich das Ding in der Hand. Nachher wusste ich nicht, was ich damit machen sollte. Ich habe gedacht, unser neuer Privatdetektiv wird das schon regeln. Also habe ich das Ding einfach bei Ihnen eingeworfen. Entsorgt sozusagen.«

»Das soll ich Ihnen glauben?«

»Glauben Sie's oder lassen Sie's. Ich möchte jetzt weiterschlafen. Ich habe Kopfschmerzen.«

Ab hier ist aus Frau Gascoigne nichts mehr herauszuholen. »Dann auf Wiedersehen und gute Besserung.« Als ich die Tür hinter mir schließen will, ruft Marie-Claire Gascoigne mich zurück: »McBride!« Auf alles gefasst, drehe ich mich um. »Geben Sie mir bitte die Raffaello-Packung.« Ich bin noch nicht aus dem Krankenzimmer raus, da hat Marie-Claire schon ein Raffaello gefuttert und ist dabei, ein zweites auszupacken.

Am frühen Abend stehen mein Opel GT und ich vor der Wohlfühlanstalt Brahma Rescue Center. Wir warten auf Eon Tui Axa. Wir werden ihn heute Abend beschatten. Um halb sieben, ich bin von der Warterei eingeschlafen, weckt mich der Opel mit einem Knacken des Kühlerhaubenblechs. Solche Geräusche entstehen durch Ausdehnen oder Zusammenziehen von Metall. Aber kann es Zufall sein, dass mein Kumpel es genau in dem Moment knacken lässt, als Eon Tui Axa aus dem Center kommt? Wollte mich der Opel GT wecken? War das ein bewusster Akt dieses außergewöhnlichen Automobils? Kann ein Opel denken?

Eon startet seinen Smart. Es nieselt. Das zerstäubende Wasser der Fahrbahn bildet einen trüben Schleier. Das kommt uns gelegen. Der Opel und ich hängen uns an die Rücklichter des Smart. Im Frankfurter Westend parkt Eon Tui Axa in der Liebigstraße vor einem weißen Jugendstil-Altbau. Ich warte, bis er in dem noblen Altbau verschwindet, und parke auf der gegenüberliegenden Straßenseite. Der Sommerregen hat aufgehört. Das Regenwasser verdampft auf der sonnengewärmten Straße. Ein guter Grund, ebenfalls eine zu dampfen. An die Wagentür des Opel GT gelehnt, genieße ich eine würzige Camel ohne, den schwülen Abend und meinen gut bezahlten Job. Aber irgendetwas stört mich. Meine Kopfhaut juckt. Sollte ich bei der Pflege meines prachtvollen Haupthaares das falsche Styling-Gel benutzt haben? Ich verwende in der Regel Drei Wetter Taft, ein Haarpräparat für alle Wettersituationen dieser Erde. Ich weiß nämlich nie genau, wohin in alle Welt und Wetter mich mein nächster Einsatz verschlägt. Das Jucken verstärkt sich. Etwas zieht meinen Blick nach oben. Ich schaue direkt in das Gesicht von Eon Tui Axa. Wie ein römischer Konsul hebt Eon von der Terrasse seines Penthouses den rechten Arm und winkt mich zu sich herauf. Das Kopfjucken verschwindet augenblicklich.

Auf den polierten Messing-Klingelschildern, in die die Namen der Wohnungseigentümer eingraviert sind, ist kein Eon Tui Axa zu finden. Der Name für die Wohnung im obersten Stockwerk lautet »Reinhold Stussmann«. Da tönt Eon Tui Axas alias Reinhold Stussmanns Stimme aus der Gegensprechanlage: »Komm herauf zu mir, Jürgen!«

Die Haustür öffnet sich. Ich trete aus der hellen Gegenwart eines Frankfurter Sommertages im Jahre 2013 in ein dunkles Treppenhaus aus der vorletzten Jahrhundertwende. Das muffige Treppenhaus mit seiner geschnitzten Wandtäfelung und der Jugendstil-Ornamentik atmet den debilen Charme einer Zeit, die sichtbar eine Vorliebe für die Darstellung der Vergänglichkeit hatte.

Das Dekorative tobt sich in diesen Jugendstilbauten ein letztes Mal so richtig aus. Als würde diese Stilepoche vorausahnen, dass alles Dekorative in der Architektur bald in der Mülltonne landen würde. Und wirken die Gesichter der Jugendstil-Heroen an Häuserfassaden bei allem Pathos nicht schon seltsam halb tot? Als würden sie ihr eigenes Ende vor Augen haben.

Die Glasmalerei des Treppenhausfensters stellt drei von Schlingpflanzen umrankte nackte Heroinnen dar, die einem ebenfalls nackigen Jüngling eine gelbgrüne Brühe aus einer Schale zu trinken anbieten. Offensichtlich ist das Zeug giftig, denn ein zweiter nackter Held liegt bereits mit geschlossenen Augen ziemlich tot, aber mit sehr zufriedener Miene auf dem Grund eines Teiches. Ein Wiener würde sagen: Was für eine schöne Leich!

Oben im fünften Stock empfängt mich ein schwerer Lilienduft. Rubinrote Samtvorhänge verdunkeln den Eingang. Vorsichtig taste ich mich ins Halbdunkel der Wohnung vor.

»Lumos!« Aus dem Nichts erscheint Reinhold Stussmann alias Eon Tui Axa unter dem Licht Dutzender Niedervolt-Deckenstrahler. Ein gütiges Lächeln umspielt seine männlichen Züge – wie ich das von ihm schon aus dem Brahma Rescue Center kenne. Ein bestickter Hausmantel schlackert um seine dürren Beine. Mit einer weiten Armbewegung lädt er ins Wohnungsinnere ein. »Ich habe dich erwartet«, raunt Eon mir zu.

»Quod erat expectandum«, entgegne ich.

»Wie bitte, mein Sohn?«, fragt Eon nach.

»Das ist Latein, eine Gerundiumform und heißt so viel wie: Das war zu erwarten.«

»Was war zu erwarten?«, will Eon Tui stirnrunzelnd wissen.

»Dass du sagen wirst: Ich habe dich erwartet.« Da dreht sich Eon zu mir um. Sein Blick versenkt sich in mein Innerstes. Eon Tui Axa öffnet seine Hand und bläst mir, ohne dass ich mich wehren kann, eine Ladung braunes Pulver ins Gesicht. Tanniswurzel. Eine Schreckensvision nimmt von meinem Geist Besitz: Die drei Jugendstilgrazien aus der Glasmalerei im Hauseingang sind lebendig und schreiten auf mich zu. Sie reichen mir eine Schale mit der giftgrünen Brühe, die ich wie ein Verdurstender bis zur Neige austrinke. Mein Geist versinkt in etwas wunderbar Warmem und Weichem, das ich nie wieder verlassen möchte.

Willenlos tappe ich Reinhold Stussmann hinterher. Der tantrische Yogi schwebt mir im Lotussitz voran und nagelt mich mit seinen Knopfaugen auf dem Sofa fest. »Was führt dich hierher, Jürgen?«, flüstert Reinhold.

Ich muss lange nachdenken, bevor mir dazu etwas einfällt. Gleichzeitig spüre ich den unwiderstehlichen Drang, die Wahrheit zu sagen. »Ich will herausfinden, wer die Zeichnung gestohlen hat. Ich will herausfinden, wer den Mann und seinen Hund erschossen hat.« Ich höre meine eigene Stimme, als würde ich unter Wasser sprechen.

»Was weißt du über die Zeichnung?«, fragt Eon.

»Es ist eine Zeichnung vom großen Meister Joseph Beuys. Zwei Männer suchten nach ihr.«

»War die Zeichnung in deiner Wohnung?«

»Nein, die Zeichnung war nicht in meiner Wohnung.«

»Wo sind die beiden Männer jetzt?«

»Einer liegt ausgestopft in Heilbronn und der andere spaziert mit zwei Veilchen in Frankfurt herum.«

»Jürgen, so sage mir, wo befindet sich die Zeichnung?«

»Oh Reinhold, ich habe keine Ahnung.« Da entschwebt Eon Tui Axa aus seinem Kissen und bläst mir eine zweite Ladung braunes Pulver ins Gesicht. Zeit und Raum verschmelzen zu einem kosmischen Kontinuum aus Raum und Zeit. Als ich wieder zu mir komme, stehe ich auf der Mauer des Penthouse-Gartens und blicke fünf Stockwerke tiefer auf das Dach meines Opel GT.

»Lass dich fallen, Jürgen«, erklingt sanft Eons Stimme. »Sei ganz eins mit dir. Lass alles hinter dir.« Ich schwanke wie eine morsche Pappel im Herbstwind. »Alles gut, Jürgen, alles gut. Spring jetzt, Jürgen, spring!«

Mein Fuß bewegt sich einen Schritt Richtung Abgrund. Da wird mir schlagartig klar, dass mein Opel da unten im absoluten Halteverbot steht. Das bedeutet, dass er spätestens übermorgen abgeschleppt wird und dann auf irgendeinem Industriehof herrenlos vor sich hin rosten wird. Diese Vorstellung treibt mir das Wasser in die Augen und bringt mich zurück in die Wirklichkeit. Zurück an den Rand eines Dachgartens im Frankfurter Westend. Mit der Flutung meiner Nasennebenhöhlen verfliegt die narkotische Wirkung der Pulverdroge. Mit einem Salto springe ich wie Miroslav Klose aus dem Stand von der Mauer und lande auf Eons Terrassenboden aus nachhaltig angebautem Tropenholz.

Eon geht direkt zum Angriff über. Er zieht eine bengalische Leuchtfackel aus dem Ärmel seines Hausmantels. Grelles Licht blendet auf. Eon schüttet sich eine

Brise Rauschpulver aus einem Stierhorn in die Handfläche. Bevor er einen Angriff starten kann, hechte ich hinter eine mannshohe Buddha-Statue in Deckung. Vergeblich. Zerlumpte Demeter hängen mir wie Fledermäuse an den Hacken, um mir den Lebenssaft aus den Knochen zu saugen. Nun setze ich den Attacken des Magiers Eon einen eigenen Geruchszauber entgegen. Pestilenzio totalus – knatternd bricht rückwärtig eine Furzbatterie aus mir heraus. Die rein chemisch hergestellten Geschmacksverstärker der Maggi-Tütensuppen, von denen ich mich vorwiegend ernähre, sorgen hierbei für den nötigen Gasdruck. Eon Tui Axa reißt es rücklings aus seinen Bastlatschen. Aber ich habe den stiernackigen Esoteriker einmal mehr unterschätzt. Im Fallen betätigt er die Fernbedienung seiner Heimanlage und setzt eine DVD mit Aufnahmen eines Gender-Workshops aus der Hocheifel mit freien Interpretationen von Fruchtbarkeitsgesängen der Amazonasbewohner in Gang. Natürlich nicht ohne einen passenden Zauberfluch zu bellen: »Impertinentia!« Ich taumele in eine Vitrine mit Räucherstäbchen. Die schwarzen Demeter, hartnäckig wie Lenkraketen, lassen sich nicht abschütteln. Mehr und mehr wird jeder vernünftige Gedanke aus mir herausgesaugt. Eon triumphiert. Ich werfe mich zur Seite und entfessele einen weiteren Geruchszauber: den brachialen Viertelpfünder Patrona Bavariae! Aus tiefsten Verschlingungen meines Gedärms aktiviere ich die Würzkonzentrate von sechs Flaschen Binding Export plus einer halben Fleischwurst aus der Frankfurter Kleinmarkthalle. »Optimo stinkadores!« Ein Höllenschlund tut sich auf. Eon Tui Axa muss von mir ablassen und bringt sich draußen auf der Veranda in Sicherheit. Hoch angereicherte Schwefelwasserstoffe beherrschen die Szenerie. Jetzt gehe ich aufs Ganze und schleudere Eon einen Harry-Potter-mäßigen Patronus-Zauber entgegen. »Patronus expupsiamus!« Mit meinem Bic-Feuerzeug setze ich den grandiosen Furz in Brand. Eine gewaltige Stichflamme in Form eines silbernen Einhorns entweicht meinem Hintern und galoppiert Richtung Axa. Sein Hausmantel flammt auf. Eon Tui kann sich nur durch einen Sprung in seinen Koi-Teich retten. Jetzt, schätze ich, hat Duweißtschonwer alias Reinhold Stussmann alias Eon Tui Axa genug. Ich verabschiede mich von Eon und seinem mystisch verseuchten Appartement. »Du solltest dich nicht mit Leuten anlegen, die das kleine Latinum haben, mein Freund.«

# BEUYS AND GIRLS

Kein Bier vor vier. Und die Uhr zeigt schon nach neun. Ein Grund mehr, den Abend in Gustavs Trinkhalle am Mainstrand bei einem Binding Export und der Betrachtung der Schleppkähne auf Vater Main ausklingen zu lassen. Beim zweiten Bierchen gerate ich mit einem der permanent anwesenden Helden an Gustavs Trinkhalle, einem pensionierten Hausmeister der Goethe-Uni, ins Philosophieren. Wir unterhalten uns über einen erstaunlich langen Kahn, bei dem man zwei Lastschiffe miteinander gekoppelt hat und der so auf eine Länge von über zweihundert Meter kommt. Beide rätseln wir, welche Vorteile eine solche Kopplung bringen könnte und wie der Riesenkahn durch die engen Mainschleifen bei Kelsterbach und hinter Aschaffenburg zu steuern sei. Gerade bei Gegenverkehr. Man müsste mal eine Zeit lang mit so einem Ding mitfahren. »Ja, das wär schön«, schließt der Kollege die Diskussion ab. Zu viel Reden gilt hier an der Trinkhalle als unanständig.

Doch dieser lobenswerte Grundsatz sollte heute Abend schon bald nicht mehr gelten. Mitten in das anspruchslose Großstadtglück des kleinen Mannes bricht eine gnadenlos gut gelaunte Truppe mit Fahrradklingeln ein. Nicht ganz zufällig. Denn heute ist »Tag der autofreien Begehung des Rhein-Main-Industriedenkmals«. Im Nu füllt sich der Platz vor der Trinkhalle mit den typischen Gesichtern, die üblicherweise an Veranstaltungen teilnehmen, die mit »Tag des Was-auch-immer« tituliert sind. Ein Trupp Studenten mit konsumkritischen Kinnbärten auf Rennrädern ohne Gangschaltung, Frauen im engagiertesten Alter auf Hollandrädern und männlicher Akademiker mit Hamsterbacken in Liegerädern okkupieren den öffentlichen Raum. Die Stammgäste der Trinkhalle aus dem abhängenden Proletariat staunen nicht schlecht über den Menschenauflauf. Die Trinkhalle, die unter zwei Eisenbahnbrücken liegt, ist der letzte Exkursionspunkt der kulturell motivierten Radtour. Die originelle Location unter den Eisenbahnbrücken ist nicht zuletzt wegen des Angebotes an geistigen Erfrischungen angesteuert worden. Die kulturdurstigen Mitbürger schielen auch schon nach der Bierflaschenauswahl in den Glaskühlschränken von Gustavs Spritbude. Aber der Abschlussvortrag zur Lage der Gegenwartsarchitektur steht noch bevor und die Bauhausjünger müssen sich mit ihren Bestellungen gedulden. Unter den Radlern entdecke ich zwei bekannte Gesichter: die spleenige Kunstvorsitzende Dorrit Erbrecht-Spirenzi und den spendablen Kunstliebhaber Jobst von Wehjsche.

Der Exkursionsführer, ein Asket in den Mittfünfzigern, bringt sich in der Gruppenmitte in Position. Er federt seinen hageren Körper, der in einem braunen Cordanzug steckt, auf halbhohen Wim-Wenders-Wildleder-Schuhen ab. Hüstelnd verschafft er sich Gehör und startet seinen Vortrag: »Liebe Freundinnen, liebe Freunde. Wir stehen hier vor einer Architektur, die sich jeder Verortung in einem eindeutigen, konzeptuellen Szenario verweigert. In ihrer unglaublich dichten, gleichwohl transparenten Durchdringung und der Verdinglichung von subtilem Spiel aus Auflösung beziehungsweise deren Negation erkennen wir alle die raue, gleichwohl wohltuende Präsenz des Genius Loci. Als durchwohntes Geflecht aus protokapitalistischer Repräsentanz und dem Charme eines Provisoriums führt dieser Ort ganz bewusst Brüche herbei und lädt dabei durchaus ein gut Stück weit … blablabla … laberrhababer …« Dann endlich: »Ich bedanke mich für Ihre Aufmerksamkeit und schlage vor, dass wir uns eine kleine Erfrischung genehmigen.«

Beifall. Mir hat die Rede gut gefallen. Auch wenn ich nur den allerletzten Teil kapiert habe. Eben dieser Teil muss auch die Bildungsradler überzeugt haben. Sofort wird die Theke der Trinkhalle gestürmt. Gustav und seine ungelernten gastronomischen Hilfskräfte kommen kaum mit dem Bierpullenöffnen und Weinausschenken nach. Die Geistesarbeiter mischen sich unter das Stammpublikum und suchen beim Bier aus der Flasche leutselig nach gemeinsamen Gesprächsthemen mit dem abgehängten Proletariat. Dorrit steht in meiner Nähe und schlürft einen Rotwein. Der Kunstmäzen Jobst von Wehjsche zwitschert sein Jever Pils zusammen mit einem Kümmerling. Die beiden stecken die Köpfe zusammen. Hin und wieder schielen sie zu mir rüber. Schließlich steuern sie auf meinen Klappstuhl zu.

»Herr McBride, das ist ja mal eine Überraschung! Ich wusste gar nicht, dass Sie sich neben der Kunst auch für Architektur interessieren.«

»Da kommt man ja hier nicht drum rum.« Mit dieser Antwort kann keiner etwas anfangen. Jobst nippt an seinem Kümmerling. Gustav bringt uns eine weitere Runde Rotwein, Jever, Kümmerling und Binding Export.

»Sie sind doch mit Ermittlungen in dem Beuys-Fall befasst, wenn ich mich recht entsinne, Jürgen. Ich darf doch Jürgen sagen?«, steuert Dorrit direkt auf ihr Gesprächsziel los.

Mir kann das nur recht sein. »So ist es.«

»Ellen von Unschwer hat dich beauftragt, richtig?«

»So ist es.«

»Sag mal, Jürgen, diese Detektivarbeit, das muss doch furchtbar aufregend sein. Wie laufen denn deine Ermittlungen? Gibt es schon einen Verdächtigen?«

»Dazu kann ich nichts sagen, Frau Spirenzi.«

»Dorrit.«

»Dorrit.«

»Der erschossene Geschäftsführer der Art Consultants, Johannes W. Körner – gibt es da einen Zusammenhang zwischen ihm und dem Raub der Beuys-Zeichnung?«

»Darüber wird noch spekuliert.«

»Spekulierst da eher du oder die Polizei?«

»Beide.«

»Die Beuys-Zeichnung soll ja ziemlich wertvoll sein, nicht wahr?«

»So zwei Millionen.«

Wildleder-Wim, der in Hörweite steht, pfeift durch die Zähne.

»Hast du eigentlich von der anderen Sache gehört, ich meine, also, nicht den finanziellen Wert, sondern diese andere, etwas obskure Bedeutung der Zeichnung?«

»Du meinst, das mit dem magischen Mantra? Das halte ich als Grund für den Diebstahl für unwahrscheinlich.«

»Ja, gell, nicht wahr?« Dorrit blickt sich in der Runde um. »Bestimmt hat es der Mörder auf das Geld abgesehen, glaubst du nicht auch, Jürgen?«

»Das denke ich mal, Dorrit.«

»Darf ich dich zu einem Getränk einladen, Jürgen? Was nimmst du?« Ich strecke ihr meine Flasche entgegen. »Schön! Dann also ein solches Binding-Bier. Für dich, Jobst, noch ein Bier und einen Aperitif?«

»Das wäre recht.«

Dorrit winkt den Trinkhallenchef Gustav herbei. »Hallo, mein Lieber, bringst du uns noch mal das Gleiche? Für mich einen trockenen Cabernet.«

»Kabaret hammer net«, brummt Gustav, kratzt sich am Hintern und schwirrt ab.

Mittlerweile hat sich der schwäbische Fremdenführer auf seinen Lederstrümpfen mit einem Weizenbierglas herangepirscht. Die Ohren, die leuchtend rot zu beiden Seiten seines Asketenkopfes abstehen, deuten auf ein gesteigertes Lebensgefühl hin. »Wunderschöner Abend bei Ihnen hier draußen am Fluss«, spricht er mich als jemanden an, den er sozusagen als Bindeglied zum einfachen Volk ausgemacht hat. »Tja, dann mal Prosit.«

»Prosit«, trompetet Jobst von Wehjsche eine Spur zu laut mit erhobener Jever-Flasche.

»Von weejsche Prosit, das heißt hier Prost!«, korrigiert Gustav, als er die neue Runde bringt.

»Hach, so was sollte man öfter machen«, seufzt Dorrit.

»Was meinen Sie?«, erkundigt sich Wildleder-Wim.

»Ich meine, mal ein Stück weit die Seele baumeln lassen.«

Darauf Wim: »Richtig. Man sollte sich öfter die Freiheit nehmen und sich ein Stück weit von den Fährnissen des Alltags absentieren. Das sind oft unwiederbringliche Momente.« Jobst lallt schon ein wenig: »S'sin doch immer die ganz einfachen Dinge, stimmt's?«

»So isses. Prost, Jobst.«

»Die Reduktion auf das Wesentliche.«
»Das ganze Ambiente hier. So direkt aus der Flasche.«
»Das hat schon was.«
»Mehr braucht es nicht.«
»Manchmal ist weniger mehr.«
»Prost.«

Alle sind wir beeindruckt vom Erlebnis der Wirklichkeit mit ungefähr eins Komma zwei Promille. In unseren Köpfen herrscht die angenehme Leere, die sich einstellt, wenn die Gedanken genauso träge fließen wie das Wasser im Vater Main. Dieser Gleichfluss der Elemente ist leider nie von Dauer. Denn dieser Zustand wird schon durch ein Bier zu viel beendet. Dann gibt uns der vom Alkohol durchtränkte Geist Anweisungen zu allerlei Possen. Um ja nicht den Eindruck zu erwecken, er wäre am Absaufen. Obwohl es genau das ist, was passiert. Die Bestellung von Jobst von Wehjsche flutet bei uns dann auch die nächste Kammer im Kollektiv.

»Gustav, mein Freund!«, schreit Jobst quer über die Biertische. »Bring uns noch mal 'ne Runde.« Jobst kippt seinen Kümmerling weit nach hinten gebeugt. Wie ein Kosake aus »Krieg und Frieden«. Und spült mit Jever nach. Anschließend steuert er mit durchgedrücktem Kreuz die Toiletten an, um zielstrebig im Damenklo zu verschwinden. Sofort schießt er wieder heraus und macht mit einem Ausfallschritt auf der Sandbahn kehrt. Am Wendepunkt grüßt er uns militärisch stramm. Der Gruß soll witzig aussehen. Tut er auch. Mit einem unkontrollierten Ruck reißt er die Tür der Herrentoilette auf, um sie dann mit größtem Zartgefühl hinter sich zu schließen.

Dorrit setzt den munteren Reigen an Verhaltensauffälligkeiten fort: »Du, sag mal, Jürgen«, tritt sie auf Tuchfühlung ran. »Ganz ehrlich jetzt, Jürgen, du, Detektiv zu sein, das stelle ich mir so richtig geil vor. Weißt du, mein Job dagegen, diese ganze sinnlose Jagd nach der Kohle, diese ganzen Deals am PC, das ödet mich alles so an. Manchmal hätte ich Lust, aus allem auszusteigen. Um richtig ins Leben, in was Echtes einzusteigen. Ja genau, auszusteigen, um einzusteigen. Das ist es.«

»Detektivarbeit ist auch nicht immer spannend«, antworte ich auf ihre unausgesprochene Frage. »Meistens sitzt man im Auto und wartet.«

»Aber es gibt doch auch Situationen, wo es hart auf hart geht, auf Leben und Tod.«

»Hm.«

»Ach komm! Entweder du oder der andere. Ist doch so, Jobst?«

»Jawoll, Dorrit.«

»Bang-Bang! Den Finger am Abzug. Jeder Schuss muss sitzen.«

Jobst von Wehjsche plaudert drauflos: »Wusstet ihr, dass Dorrit Senioren-Europameisterin im Schießen mit Handfeuerwaffen ist?«

»Großartig! Ein Schport, der Konzentration und Kontemplation zu verbinden weiß«, schnarrt der schwäbische Fremdenführer Wildleder-Wim seine Oberstufensprecher-Weisheit in die Runde. Mittlerweile hat er sein viertes Weizen intus. Er geht uns schon länger mit seinen bornierten bauhausmäßigen Wortbeiträgen, die meilenweit an der Frankfurter Lebenswirklichkeit vorbeirauschen, auf den Keks. Genau wie wir alle steht Wildleder-Wim sichtbar unter dem Eindruck der Wirkung flüssiger Materie. Aber seltsamerweise sind auch nach vier Weizenbier seine typischen Äußerungen inhaltlich unverändert, sondern nur potenziert. Die üblichen alkoholtypischen Reaktionen, bei denen alle möglichen Dinge im Kopf durcheinandergeworfen werden, treten bei ihm nicht auf. Stur hält der schwäbische Architekturprofessor an einem Thema fest.

Jobst von Wehjsche lässt weiter alle fünfe gerade sein und schmeißt eine Runde nach der anderen. Er ist nicht mehr ganz standfest und umarmt jeden, den er zu greifen bekommt. Auch Dorrit gerät zusehends aus dem Häuschen. »Hat eigentlich jemand von euch Lust, schwimmen zu gehen? Na? Was ist? Niemand? Also ehrlich jetzt, Jobst, du schaust mich gerade an wie ein frisch gef… na, lassen wir das. Andere Frage: Wer von euch Kunstkennern weiß eigentlich, welches große Wort Joseph Beuys beim Verlassen von this planet earth geflüstert hat? Mit seinem letzten Atem. Und? Ich bitte euch: Last words of Joseph Beuys, so was gehört zur Allgemeinbildung! Immer noch nichts? Ich will euch mal helfen: Es ist der Name eines Tieres, das von Baum zu Baum hüpft. Na, fällt jetzt der Groschen?«

Jobst denkt nach, so gut er noch kann. »Ein Affe?«

Dorrit ist amüsiert. »Nein, ein Affe ist es nicht. Es ist ein heimisches Tier. Es fängt mit ›E‹ an. Wer's weiß, bekommt einen Zungenkuss. Wie sieht's aus, Jürgen?«

»Ich habe wirklich nicht die geringste Ahnung.«

»Ein Eichhörnchen«, platzt Wildleder-Wim raus.

Dorrit verzieht ihr Gesicht: »Ja, richtig. Das Eichhörnchen.« Zeit für mich, nach Hause zu gehen. Morgen ist schließlich auch noch ein Tag.

# KARNEVAL DER KULTUREN ODER WIE MIR DIE ALTE UND JUNGE FRAU HEGEMANN DAS LEBEN RETTEN

Mein routinemäßiges Morgen-Work-out führt mich durchs Gutleutviertel zum Kiosk an der Ecke. Dort hole ich mir zum vollwertigen Frühstück ein Kinder Country und zwei Schachteln Camel ohne Filter. Dieser freundliche Sommermorgen beginnt alltäglich, endet aber in einem Gewaltrausch sondergleichen, einem Armageddon krankhaften Ausmaßes, bei dem weder Mensch noch Material geschont werden sollten. Und das kam so:

Auf dem Rückweg ins Loft in der alten Gummistiefelfabrik klingelt mein Handy. »Ja, hier Jürgen McBride?«

»Aaahh!«, stöhnt eine weibliche Stimme. An dem vibrierenden Timbre erkenne ich sofort meine neue französische Freundin Josefine.

»Josi«, hauche ich mit geschlossenen Augen ins Handy.

»Hier ist Ellen.«

»Oh, Ellen! Salut, wie geht's?«

»Wer, bitte, ist Josi?«, nervt die Businessfrau.

»So heißt meine Mutter. Ich dachte, meine Mudda Josi ruft mich an.«

Ellen glaubt mir kein Wort. »Deine Mutter?«

»Ja, Ellen-Darling. Meine Mudda heißt Josefa McBride, geborene Schweinsteiger.«

»Schwindelst du mich auch nicht an, Jürgen?«

»Nein, Ellen! Ganz ehrlich jetzt.« Da ich als echter Frankfurter mit reichlich Mutterwitz gesegnet bin, fällt mir ein solcher auch gleich ein: »Was liegt beim Aldi unter der Kasse und macht Piep?«

»Ach Jürgen, mir ist so gar nicht nach Scherzen zumute. – Wenn du wüsstest«, sinniert Ellen von Unschwer schwermütig ins Mobile.

»Deine Mudda!«, platze ich mit der unerwarteten Auflösung heraus. Ellen sackt am anderen Ende der Leitung vor Vergnügen in sich zusammen. Wie so oft im Leben bin ich es, der als Erster die Fassung zurückgewinnt. »Sag mal, Ellen, wie läuft es in der Agentur? Kann ich irgendetwas tun?«

»Dieser Kommissar, dieser Odecker, wird immer impertinenter. Er scheint davon auszugehen, dass ich den Raub der Beuys-Zeichnung organisiert habe und sogar für den Mord an Johannes verantwortlich bin. Ich soll zur Vernehmung auf dem Präsidium erscheinen. Ich werde Fredo als juristischen Beistand mitnehmen. Gibt es schon etwas, was uns zur Entlastung dienen könnte? Hast du etwas über den Auftraggeber des Diebstahls der Zeichnung herausgefunden? Können wir uns heute Abend sehen, Jürgen?«

»Dreimal ja.«

»Kannst du um einundzwanzig Uhr bei mir sein?«

»Roger und over, Baby.«

Melancholisch schlendere ich über den Frankfurter Boulevard of Broken Dreams, genannt Gutleutstraße. Zurück in mein Loft in der alten Gummistiefelfabrik. In mich selbst versunken wie ein seekranker Wal, meine Flossen tief in den Taschen meines Mantels vergraben. Mit hochgezogenen Schultern, die Zigarette im Mundwinkel, den Kopf schräg geneigt, mit Blick ins Ungewisse, schlurfe ich durch die Pfützen des Großstadtasphalts. Hinein in meinen eigenen Schwarz-Weiß-Film.

Doch dieser Film würde nur ein Kurzfilm bleiben. Als ich in Blickweite der Gummistiefelfabrik komme, schießt eine Feuersäule über die Dächer der Fabrik hinauf in den blauen Himmel. Der Gehweg erzittert unter mir. Ich sprinte zum Einfahrtstor der Gummistiefelfabrik. Mitten in Staub und Feuer stehen zwei massive weibliche Gestalten auf dem Fabrikhof. Die Gigantinnen in Overalls hantieren mit schwerem Gerät. Ihre völlige Vermummung mit Atemmasken und Schutzanzügen dürfte ausreichen, um im Notenbüchlein des strengsten Schariawächters mit einem dicken Plus in »Betragen« belohnt zu werden. Trotz der Vermummung erkenne ich eine der Heroinnen an ihrer stattlichen Hüfte als die junge Frau Hegemann.

Die Hausmeistertochter ist mit einem Hochleistungs-Laubbläser ausgerüstet. Hegemann junior zielt mit dem Lenkstrahl ihres Blasomators hinter die Mülltonnenverkleidung und treibt einen zwanzig Meter hohen Staubsturm über den Innenhof. Mutter Hegemann hat sich einen schweren Gartenabflammer umgeschnallt. Mit ihrem Flammenwerfer peilt sie alles Lebendige an, vom Gänseblümchen bis zum Brombeerstrauch, und lässt die Biomasse unkontrolliert in einem Feuerball abfackeln. Ich versuche, zwischen Sand- und Feuersturm den Treppenaufgang zu meinem Loft zu erreichen.

Mitten durch die Feuerwand prescht ein tiefer gelegter S-Klasse-Mercedes und stellt sich mit quietschenden Reifen quer in den Hof. Vitali und die Offenbacher ADS-Fighter. Im Rauch verborgen, bringe ich mich hinter der alten Zapfsäule der ehemaligen Tankanlage in unserem Fabrikhof in Deckung. Vitali hievt seinen massigen Körper aus dem scharfgemachten Proll-Benz und pendelt auf die Mutter Hegemann zu, die ihren Plantburner herunterdreht. Ohne die Flamme ganz erlöschen zu lassen.

Die Daumen in einen Metallgürtel mit Totenkopfschnalle gehakt, den mächtigen Oberkörper hin- und herwiegend, raunzt der ehemalige ukrainische Ultimate-Fighting-Meister die Hausmeisterin an: »Sag, Alte, wo ist McBride?«

»Wer?«

»Wie, wer? McBride! Hast du was an die Ohren?«

»Wer das wissen will?«, fragt die alte Hegemann unbeeindruckt zurück.

Vitali nimmt die Hände vom Gürtel und lässt seine schweinehälftendicken, mit von Bundesligaprofis inspirierten Sinnsprüchen tätowierten Oberarme baumeln. »Komm mir nicht dumm. Sonst gibt's was aufs Maul, du *Tofu!*«

»Jule, komma rüber!«, ruft Hegemann senior ihre Tochter. Übellaunige hundertfünfzig Kilo bewegen sich erstaunlich behände über den Hof. Jule Hegemanns Laubsturmmaschine knattert im Standgas. Sie baut sich wie ein sozialistisches Arbeitermonument neben ihrer Mutter auf. Die Frauen ziehen synchron ihren Atemschutz ab und entbieten zwei Antlitze weiblicher Entschlossenheit. Mittlerweile sind Ecstatic-Erkan und der sich vorzugsweise körperlich mitteilende Deso Danny aus dem Mercedes gestiegen.

»Hört zu, ihr *Hirse!*«, schreit Ecstatic-Erkan mit merkwürdig hoher Fistelstimme die Hausmeisterfamilie an. »Wo ist der Scheiß-Typ? Wenn du …« – an dieser Stelle unterbricht ihn der hochbegabte Minderleister Deso Dan und bringt sich endlich einmal sprachlich in eine Diskussion ein: »Ich *dinkel* deine Mutter!«, blafft er die junge Frau Hegemann an.

Frau Hegemann senior kneift ein Auge zusammen, bleibt aber sonst erschreckend ruhig. Auch Vitali bleibt cool. Er wendet sich grinsend an die junge Hegemann: »Okay, so kommen wir nicht weiter. Mit hübschen jungen Damen muss man anders reden. Mal ehrlich, ihr zwei seid keine großen Leuchten, was? So wie ihr zwei ausseht, wartet ihr vorm Stoppschild, bis es grün wird! – Also, Schluss jetzt mit lustig, dann mach mal Platz, du *Soja!*«

Hegemann senior schaut rüber zu ihrer Tochter. Zwischen ihren Augenbrauen zeigt sich eine gefährliche Falte. Nun höre ich die junge Frau Hegemann zum ersten Mal, seit ich hier wohne, einen vollständigen Satz sprechen. Sie meldet sich gleich mit einem grandios komprimierten Kurzgedicht zu Wort: »Mach dich vom Acker, verdammter Kanaker!«

Die alte Frau Hegemann konkretisiert die Aufforderung: »Ich tret euch in die *Soja,* wenn ihr net vom Hof runnerkimmt, Jungsche!«

Ecstatic-Erkan holt aus und schlägt der Mutter Hegemann einen Leberhaken, der tief in ihrem Bauchlappen versinkt. Tochter Hegemann reagiert sofort. Auf den Fußspitzen dreht sie sich um die eigene Achse. Wie eine Diskuswerferin beschleunigt sie ihre gewaltige Körpermasse. Ihr Laubbläser klatscht in Erkans Nacken. Deso Dan tritt Hegemann junior daraufhin schlicht vor die Brust. Das erweckt in Mutter Hegemann die animalischen Beschützerinstinkte jener Löwinnen aus der Frankfurter Arbeiterschaft, wie sie im Bierzelt auf der Frankfurter Dippemess anzutreffen sind und die mit größter Vorsicht zu behandeln sind.

Sie pflückt Erkan mit einem »Plopp« aus ihrer Bauchfalte und drischt ihm ihren fleischigen Ellenbogen ins

Gesicht. Hegemann junior reißt den Laubsturmbläser hoch und dreht ihn auf volle Leistung. Ein Inferno aus Kieselsteinen, Zigarettenkippen und getrocknetem Hundekot schlägt den drei internationalen Aktivisten ins Gesicht. Sie bringen sich hinter ihrem Mercedes in Deckung. Hegemann senior hält die Gangster mit ihrem Feuerspeier hinter dem Wagen in Schach, wobei sie absichtlich die Motivlackierung versengt. Jetzt ist Vitali das Spiel leid. Er reißt seine Uzzi aus dem Handschuhfach und lässt eine Stange blauer Bohnen über den Asphalt rotzen. Unsere Facility-Girls springen ebenfalls hinter die alte Tankanlage in Deckung. Etliche Doppelzentner schlagen auf mir ein und pressen mich platt wie ein Wiener Schnitzel. Um nicht zu ersticken, wühle ich meinen Kopf zwischen zwei gewaltigen Oberschenkeln nach oben. Mutter Hegemann bemerkt mich schließlich: »Ei Herr McBride, was mache Sie denn da bei mir unne rum?« Darauf weiß ich keine rechte Antwort. »Könne Se mir ma erkläre, was des hier soll? Die Kollegen sind ja ganz ausem Häusje!«

»Hm, die sind wohl sauer auf mich.«

»Was habbe mer dann angestellt?«

Unser nachbarschaftlicher Plausch wird durch eine Maschinenpistolensalve unterbrochen. Die Kugeln klatschen ins Stahlblech der alten Zapfsäulen. Wir Gummistiefelfabrikbewohner ziehen unsere Köpfe ein. Mutter Hegemann hält die drei Gewalttäter mit Feuerstößen aus ihrem Flammenwerfer auf Abstand. Deso Dan sprintet hinter dem Gangster-Benz hervor und ballert mit seiner Kanone seitlich hinter unsere Deckung – ohne zu treffen. Das Team Hegemann reagiert augenblicklich: Den Bioabflammer und den Laubbläser richtungssynchronisiert, jagen sie dem Burschen eine Stichflamme entgegen. Dannys Puma-Jogginghose aus Kunstseide fängt Feuer. Er trollt sich zurück in Deckung. Das Beispiel des leicht entflammbaren Fighters vor Augen, der jetzt in seiner Calvin-Klein-Underwear weiterkämpfen muss, riskiert die Truppe keinen erneuten Ausfall. Auch die Maschinenpistolensalven bleiben aus. Hin und wieder fällt noch ein einzelner Schuss, der von den alten Zapfsäulen abgefangen wird. Die Gangster haben auf Einzelfeuer umgestellt.

»Die müssen Munition sparen«, bemerke ich.

»Abwatte, Jungsche!«, brummt die kampferprobte Mutter Hegemann.

Stille auf dem Hof. Ich wage einen Blick hinüber zum Benz und sehe ein Rinnsal, das von der Tankanlage in Richtung der Gangster fließt. In den alten Zapfsäulen ist wohl noch ein Rest Benzin gewesen, das sich jetzt in einer Pfütze vor dem Mercedes gesammelt hat. Es riecht nach verbrannter Jogginghose und Benzin. Ein weiterer Duft zieht zu uns herüber: Zigarettenrauch. Eine gewaltige Detonation zerreißt die Luft und stellt alle pyrotechnischen Ereignisse dieses Vormittags in den Schatten. Wir Gutleut-Leute werden zu Boden geschleudert. Ich lande erneut unter den beiden Teutoninnen. Eine Feuerwalze rast über den Hof und verkokelt den beiden Hegemann-Frauen ihren Gartenkampfanzug. Am meisten aber hat der Gangster-Benz abbekommen. Von der Metallic-Lackierung und der aufwendig mit Runenmustern im Ballermannstil verzierten Kühlerhaube des AMG-Daimlers ist kaum was übrig. Die Kunststoffspoiler des Autos sind von der Hitze zusammengeschrumpelt. Vitali gibt auf und startet den verkohlten Benz, der ohne Probleme anspringt. Die drei Nervenbündel verdrücken sich. Dan feuert einen Abschiedsschuss Richtung Zapfsäule. Seine letzte Kugel schlägt in ein altes Emailleschild mit der Aufschrift »Rauchen und offenes Feuer verboten!«.

Die Explosion hat die pflanzlichen Bestandteile des Fabrikhofs restlos abgefackelt. Die Druckwelle hat alles Laub und allen Staub aus dem Hof getrieben. Bis auf ein paar Rußflecken ist der Innenhof blitzblank. »Für heut simmer fertig«, resümiert Mutter Hegemann. »Drinke mer noch en Kurze, Mäck Breit?«

»Da sag ich nicht Nein, Frau Hegemann.«

Schön, dass sich unser nachbarschaftliches Verhältnis nach dem gemeinsamen Abenteuer so entspannt gestaltet. Die junge Frau Hegemann bleibt aber zurückhaltend. Schweigend kippt sie ihren Korn. Sie scheint mit der Außenwelt nur über ihre Mutter zu kommunizieren. Das deutet auf eine enge, aber sicher nicht konfliktfreie Mutter-Tochter-Beziehung hin. Aber den beiden kann geholfen werden. Aufgrund meiner profunden Kenntnis der weiblichen Psyche im Allgemeinen und der Befindlichkeiten von Hausmeisterinnen im Besonderen wähle ich eine lockere Ansprache, die die Gefühlswelten der beiden auf heitere Weise einschließt: »Was haben KiK und deine Mudda gemeinsam?«, wende ich mich an die junge Hegemann. Die beiden Frauen, Mutter wie Tochter, blicken mich fragend an. »Jeder war schon drin und keiner gibt's zu.« Mir gelingt es gerade noch, die Wohnungstür zuzuwerfen, bevor das Feuer aus dem Flammenwerfer hinter mir die Treppe hochschlägt.

# ROWDYTUM UND GOLDBROILER

Ich bin auf dem Weg zu meinem alten Kollegen Kommissar Odecker. Vielleicht gelingt es mir, ihm über unseren gemeinsamen Fall ein paar Informationen zu entlocken. Privaterweise sozusagen. Erik Odecker wohnt mit seiner Frau in Frankfurt-Fechenheim. Dieser Stadtteil im Frankfurter Osten hat stellenweise Ähnlichkeit mit den Plattenbauvororten in der früheren DDR. Mein Opel GT und ich rauschen die Hanauer Landstraße entlang Richtung Fechenheim. Vorbei an den ehemaligen Neckermann-Gebäuden. In der Rosa-Luxemburg-Allee in Frankfurt-Fechenheim parken wir vor dem Hochhaus der Odeckers. Die Fassade des Gebäudes ist in Erbsengrün gestrichen. Das Grün des Odecker-Wohnwürfels korrespondiert wunderbar mit den Farben der anderen Wohnblocks, die allesamt vom Farbklang eines Tellers Erbsensuppe inspiriert sind. Erbsengrün, karottengelb, zwiebelschalenbraun und bauchspeckrot. Auf dem Bürgersteig vor dem Odecker-Block riecht es nach Küche.

Auf mein Klingeln meldet sich eine weibliche Stimme. »Ja, bitte?« Margot Odecker. Eriks Frau. Ich hatte gehofft, ihn allein anzutreffen.

»Hier ist McBride. Ist Ihr Mann zu Hause?«

»Kommen Sie bitte herauf.« Als Vorsichtsmaßnahme gegen die gefürchteten Monologe von Frau Odecker schließe ich meine Kopfhörer ans Handy an. Der Fahrstuhl bringt mich in den dreizehnten Stock. Die Klingel der Wohnungstür kreischt schrill wie das Einsatzsignal einer Arbeitsbrigade. Die Tür wird sofort geöffnet. Eine drahtige Frau mit wachen Augen begrüßt mich mit einem schmallippigen Lächeln. Ihr kinnlanges Haar ist fliederfarben gefärbt. »Treten Sie ein, Herr …«

»McBride. Jürgen McBride, Frau Odecker.«

»Richtig … McBride«, wiederholt Odeckers Gattin nachdenklich meinen Namen. Mit einem deutschen Akzent, als ob es die Sprache Englisch nicht geben würde. »Natürlich, wir kennen uns ja. Sie waren doch früher aktiv im Polizeidienst tätig, Herr McBride. Nicht wahr?«

»So ist es, Frau Odecker. Könnte ich bitte Ihren Mann sprechen?«

»Das dauert noch ein Momentchen. Erik macht sich gerade im Bad frisch. Nehmen Sie so lange Platz, Herr McBride.« Frau Odecker weist mit einem kräftigen Turnerarm auf die karierte, mit abwaschbarem Stoff bezogene Eckbank. »Ich mache Erik gerade ein paar Kalbsleberwurstschnitten. Die isst er später zur Aktuellen Kamera, äh, Tagesschau, Herr McBride.«

»Soso.«

»Am liebsten auf Graubrot, da ist er eigen, Herr McBride.« Margot spricht mich hartnäckig mit meinem Nachnamen an. Und zwar mit einem solchen Sprachekel und so unerträglich falsch betont, dass ich mir das nicht länger anhören kann. Höchste Zeit, dass meine drei Nothelfer, die guten alten Sister Sledge, zum Einsatz kommen. Die Schwestern plärren mir die unvergänglichen Zeilen »We are all american girls. And we like the way that we live« ins Ohr und helfen mir die gesamtdeutsche Gegenwart einen Augenblick lang zu vergessen.

Aber eine solche Missachtung ihrer Person lässt sich die verdiente Brigardistin Margot Odecker in ihrer eigenen Werksküche nicht gefallen. Ihre Turnerhand greift meinen Oberarm und schüttelt mich durch wie einen Schulbuben. Dabei redet sie auf mich ein und gibt den Blick auf ihre tadellos gereinigten dritten Zähne frei. Doch damit nicht genug. Auf meinem Eckbankplatz eingeklemmt, kann ich nicht verhindern, dass sie mir die Kopfhörer aus den Ohren reißt. »Das muss ich mir in meiner eigenen Küche nicht gefallen lassen, Herr McBride. Wo kommen wir denn …« An dieser Stelle wird sie durch ein lautes »Margot!« ihres Mannes Erik unterbrochen, der im Feinrippunterhemd und unter einshampooniertem Haarschopf aus der Badezimmertüre rauslugt. »Margot, bitte! Beruhige dich.« Was Margot augenblicklich tut. Erik schließt die Badezimmertür. Seine Gattin streicht mit ihren Händen seitlich an ihrer Kittelschürze herunter. Sie hat sich wieder im Griff. Mit schnappenden Bewegungen ihres Küchenmessers widmet sie sich erneut dem Schmieren der Kalbsleberwurstbrote auf dem Frühstücksbrett aus Hartplaste. »Entschuldigen Sie bitte mein Engagement, Herr McBride.« Sie spricht das französische »Engagement« sehr deutsch aus. »Ich kann aber einfach nicht verstehen, dass es Menschen gibt, die jetzt, nachdem der US-Kapitalismus in Europa seine Maske hat fallen lassen, jetzt, da diese Clique aus Bankspekulanten und Imperialisten in einer durch gewissenlose Manipulation herbeigeführten Wirtschaftskrise den Frieden in Europa dem Kapital zum Fraße vorwirft, dass es da noch Menschen gibt, die der einseitigen Propaganda der US-amerikanischen Musikindustrie derart kritiklos verfallen. Haben Sie sich einmal überlegt, Herr McBride, woher die ganzen orientierungslosen, drogensüchtigen Jugendlichen auf unseren Straßen kommen?«

»Äh, noch nicht, Frau …«

»Na sehen Sie, Herr McBride! Niemand hat etwas gegen gepflegte Beatmusik, Herr McBride. Zum Frohsinn und zur Geselligkeit des werktätigen Menschen gehört Musik dazu, davon bin ich fest überzeugt. Ich bin selbst eine große Liebhaberin von Prokofjew und Tschaikowski. Auch mal Pudhys oder Katja Eppstein, warum nicht? Aber wenn unsere Jugend bewusst durch gesteuerte Rhythmen und Texte zu Exzessen aufgehetzt werden soll, dann sage ich, Herr McBride: nein, mit mir nicht! Über eins können Sie ganz beruhigt sein: Die Solidarität der aufgeklärten Massen wird die Knute des Kapitals und ihrer Helfershelfer aus dem sogenannten Music-Business früher oder später abschütteln. Schauen Sie sich doch mal Griechenland an. Und Spanien ist als Nächstes dran. Es wird Zeit, dass wir Botschafter des guten Willens heraustreten und unter Führung der Arbeiterklasse dem Kapitalismus die Grenzen setzen. Das fängt im Kleinen an, im täglichen Leben. Bei der Musik, für die wir uns bewusst entscheiden. Und setzt sich fort in der Brigade und im internationalen Kollektiv. Jeder kann und jeder muss jetzt etwas tun, Herr McBride! Wenn ich diese inhaltlosen US-Parolen höre wie: ›We are all american girls and we like the way that we live‹, entschuldigen Sie, Herr McBride, das ist doch Volksverdummung, Herr McBride! Da wird eine chauvinistische Weltsicht propagiert, das ist doch übelste Springer-Presse! Und zu welchem Zweck? Um mithilfe der Helfershelfer des Großkapitals unsere Arbeiterschaft in die Irre zu führen. Lady Gaga, Lady Madonna, Lady Rihanna, wie sie alle heißen, das ist Opium fürs Volk, da hat sich in hundert Jahren wirklich nichts geändert. Aber wir werden den revanchistischen Kräften, auch hier bei Ihnen in der BRD, denken Sie an meine Worte, sehr, sehr bald den Schleier wegreißen. Der Sozialismus wird für Gerechtigkeit sorgen und die endgültige Niederlage eurer Mediendiktatur besiegeln. Uns werden auch nicht die übersteigerten Parolen der kommerzialisierten Beat- und Rapp-Musik aufhalten. Dabei kann Musik so etwas Wundervolles sein.«

An dieser Stelle fällt der gerechte Zorn von der Aktivistin ab und ihre Augen bekommen einen feuchten Glanz.

»Ich spiele Ihnen jetzt mal was vor.« Margot drückt die Starttaste ihres Kassettenrekorders. Sie begleitet die Musik des Marinechors des Bolschoi-Theaters mit ihrer vor Rührung zitternden Diskantstimme. Kurz bevor ich tot bin und an der Stelle »… erkämpft das Menschenrecht …« tritt endlich Erik aus dem Badezimmer und stoppt seine mal wieder über Plansoll agierende Gattin. »Lass gut sein, Margot!« Margot lässt es sich nicht nehmen, die letzte Liedstrophe noch singend zu beenden, schnappt sich ihren Kassettenrekorder am Tragegriff und marschiert ab ins Nähzimmer: »Ich hätte nicht gedacht, dass ich mich mit einem halben US-Amerikaner einmal so nett unterhalten würde. Ich danke Ihnen, Herr McBride.«

Endlich bin ich mit meinem ehemaligen Kollegen Odecker allein. Erik Odecker ist einer der letzten wirklichen Meister der Verhörkunst in Deutschland. Er errät die Gedanken seiner Delinquenten, bevor sie sie gedacht haben. Wenn ich von ihm etwas über den Stand seiner Ermittlungen herausbekommen will, muss ich äußerst bedächtig vorgehen. Keinesfalls darf ich zu direkt werden und Informationen zu dem Beuys-Raub und Mordfall einfach abfragen. Gleich zu Beginn des Schlagabtausches zweier Großmeister der Verhörkunst stellt Erik mir eine Falle, indem er mich mit dem alten Futterreiz-Trick scheinbar in Sicherheit wiegt.

»Guten Abend, Jürgen. Was führt dich denn hierher? Kann ich dir was zu essen anbieten?« Erik schiebt mir eines seiner glatt wie ein Todesstreifen bestrichenen Kalbsleberwurstbrote rüber. Obwohl ich einen Mordshunger habe, lehne ich die Graubrotkachel dankend ab. Das Auge isst mit, sagt man. »Es ist auch noch ein Goldbroilerschlegel von gestern da, wenn du so was lieber magst.« Auch hier muss ich dankend ablehnen. Nach dem ganzen Rowdytum gerade eben am Küchentisch ist mir nicht nach Goldbroiler. Ich werde mir lieber nachher beim Türken ein halbes Hähnchen holen. »Also, dann schieß mal los, Jürgen. Ist ja nett, dass du wieder mal vorbeischaust.«

»Oooch, ich wollte nur hören, wie's bei dir so läuft. Wo wir doch beide den gleichen Fall bearbeiten, mein ich.«

»Läuft so weit ganz gut. Bei dir?«

»Muss ja. Und selbst?«

»Kann nicht klagen.«

»Gibt's was Neues?«

»Na ja, was Neues, was Neues. Du weißt ja, wie das ist.«

»Aber geht voran?«

»Wird langsam.«

»Schon Konkretes?«

»Wie man's nimmt.«

»Alles nicht so einfach, was?«

»Ja, wie denn auch.«

»Immer eins nach dem anderen.«

»Wenn's klappt, wird's was.«

»Na, ich muss dann mal wieder.«

»Schon?«

»Ja, hilft ja nichts.«

»Dann mach's mal gut, Jürgen.«

»Mach's besser, Erik.« Eriks Luchsaugen werden zu schmalen Schlitzen, als er mir lächelnd die Hand drückt. Sollte die »Klapperschlange«, wie man Erik auf dem achtundfünfzigsten Frankfurter Polizeirevier hinter vorgehaltener Hand voller Hochachtung nennt, wieder zugeschnappt haben? Sollte mich dieser alte Hase der kriminalistischen Ermittlungen wieder mal auf ein sprachliches Minenfeld geführt haben? Habe ich mich eben bei ihm verplappert, ohne dass ich es bemerkt habe? Verunsichert stehe ich eine Camel lang an den Opel gelehnt draußen auf dem Parkplatz. Dann starte ich den Wagen und steuere eine Imbissbude auf der Hanauer Landstraße an, um mir bei der türkischen Imbissbude einen halben Goldbroiler zu holen.

# CANNONBALL

Pünktlich um neun Uhr abends stehe ich vor Ellens Appartement in der Frankfurter City. Als Gentleman alter Schule komme ich nicht mit leeren Händen. Für ein romantisches Abendessen habe ich einen Fertigsalat von Lidl und eine Flasche Miracel-Whip-Balance-Salatsoße dabei. Außerdem noch einen Sommerblumenstrauß zum Angebotspreis von zwei Euro neunundneunzig. Der Blumenstrauß ist in eine Plastikfolie mit Sommerblumenstraußmotiven verpackt. Das macht die Sache doppelt schön! Ellen strahlt bei diesem super Anblick logischerweise über alle vier Backen. Ich beruhige sie mit einem Klaps auf eine der beiden unteren. Als ich ihr dann aus Versehen den Salat überreiche und mit den Lidl-Blumen in die Küche marschiere, hält sie das für einen absichtlichen Scherz und lacht herzlich auf. Das gute Kind! Aber wenn man so wie Ellen bis zum

Abwinken verliebt ist, kann man nicht mehr klar denken. Dafür habe ich das allergrößte Verständnis.

Mit knallroten Ohren steht Ellen vor mir. »Oh Jürgen, endlich, mein Scha…« Vor Aufregung verschluckt sie sich. Die High-Society-Lady kann nicht an sich halten. »Jürgen!«, seufzt die in Ekstase geratene Göttin auf und umschlingt mich wie ein Tiefseekrake. Ellen gibt sofort alles. Volle hundertzehn Prozent. Sie drängt mich auf den Küchentisch. Der massive Nussbaumtisch schaukelt unter uns im Takt von *Hirse* und *Soja.* Das Quietschen des Tisches mischt sich mit Ellens Seufzern zu einem avantgardistischen Song im Stile eines Manfred Stockhausen. So musizieren wir minutenlang im Zweiundreißigstel-Stakkato, bis eines der Tischbeine aus der Verankerung reißt und das Fünftausendeuro-Möbel unter uns zusammenkracht. Ellens Hinterkopf knallt hart auf die Tischplatte. Nach dem Schlag ist sie nicht wiederzuerkennen. Ihr Gesichtsausdruck ist grotesk verzerrt. Wie das eines japanischen Kamikazepiloten kurz vor dem Einschlag in den Flugzeugträger. Sie schlingt ihre Arme um meinen Brustkorb. Dabei entwickelt sie die Kräfte einer hydraulischen Müllpresse. Wie eine elektrogeschockte Calamari umklammert ihr *Tofu* meinen *Dinkel.* An eine Befreiung aus ihrer Fünfer-Umklammerung ist nicht zu denken. Ellen legt noch eine Schippe drauf. Sie drückt mir mit beiden Händen die Kehle zu. Ist das Wollust oder Mordlust? Ihre Pupillen sind nicht zu sehen. Während ich in das Weiß ihrer Augen starre, wird mir schwarz vor meinen

Augen. Ich muss Ellen schnellstens von diesem Trip runterholen, sonst ist es aus mit mir. Ich verdoppele die Schlagzahl, mit der mein *Dinkel* ihre *Hirse* bearbeitet. »Jürgen!«, kommt die Rasende zum finalen *Tofu.* Mit einem »Plopp!« katapultiert es mich aus der Blondine. Sie hält meinen Hals noch immer mit beiden Händen umklammert. Ich überschlage mich wie eine nordkoreanische Testrakete, indem ich über den Küchentisch abhebe und auf den Rücken knalle. Jetzt erst löst Ellen den Griff um meine Kehle. Sie ist wieder bei Verstand.

»Oh Jürgen«, haucht sie mit einer um eine halbe Oktave tieferen Stimme.

»Ey, Baby, was war das denn?«, japse ich.

Abenddämmerung auf dem Balkon. Die Lichter der Wolkenkratzer der nahen City starren stumm zu uns herüber. Der Rauch unserer Camel ohne Filter löst sich im Nordend-Nachthimmel auf. Unsere Laune befindet sich im Sinkflug. Tannöd grüßen die traurigen Nordmanntannen vom Nachbargrundstück. Draußen wird es langsam richtig Finsterwald. Gegenüber stellt ein alter Mann den Altpapierkübel für die morgige Leerung auf die Straße. Uns fröstelt.

Um die Stimmung zu heben, mache ich einen kreativen Vorschlag. »Wie wäre es mit einer Kleinigkeit zu essen, Darling?«

»Das ist eine Superidee, Jürgen«, steigt Ellen gleich mit ein.

»Nicht wahr?« Wir lassen uns den Fertigsalat von Lidl bei einer Flasche 1982er Saint Émilion Premier Cru, die Ellen fairerweise aus ihrem Weinkeller beisteuert, schmecken. Ein annehmbarer Tropfen, der das Spitzenbouquet der kalorienreduzierten Fertigsalatsoße Miracel Whip hervorragend zur Geltung bringt.

»Hast du schon mit dem Kommissar gesprochen?«, fragt mich Ellen beiläufig während des Essens.

»Habe ich. Mir ist jetzt vieles klarer.«

Ellen interpretiert meine Antwort in ihrem Sinne. »Ist das nicht wirklich alles unglaublich? Dieser Odecker verdächtigt mich, den Diebstahl geplant zu haben. Zusammen mit meinem Partner! Außerdem meint er, dass Johannes bei der Übergabe der Zeichnung vom Käufer erschossen worden sein soll. Er will mich morgen verhören. Ich glaube, um herauszufinden, an wen wir den Beuys verkaufen wollten. Das ist doch grotesk, oder?«

»Und, weißt du's?«

»Was?«

»Wer der Käufer ist?«

Ellen fällt die Kinnlade runter. »Hör mal, Jürgen, du vergisst wohl, dass du von mir beauftragt bist, in dem Fall zu ermitteln. Nicht, um mich zu verdächtigen«, blafft sie mich an.

»Hast du Marie-Claire an den Eisernen Steg geschickt?«

»Um Himmels willen, nein. Natürlich nicht.« Ellen sieht aus, als ob sie darüber nachdenkt, ob es ratsam wäre, in Tränen auszubrechen. Sie entscheidet sich anders und isst wütend weiter.

»Was hatten Gascoigne und dein Partner so früh am Tag am Eisernen Steg zu tun?«

»Muss ich das wissen? Johannes hat gesagt, er wäre da ›an was dran‹. Ich sollte ihn mal machen lassen.«

»Hast du Marie-Claire mal danach befragt?«

»Sie sagt dazu keinen Ton. Ich bin kein Detektiv oder Ermittlungsbeamter. Wie du oder dieser Odecker. Also mach deinen Job und nerv nicht mit Verdächtigungen.«

»Ellen, tut mir leid, aber ich muss dich das jetzt fragen: Hast du einen Waffenschein?«

Ellen blickt durch mich hindurch. »Habe ich. Genau wie einige andere Mitarbeiter, Johannes, Marie-Claire und Fredo. Fredo hat damals die Formalitäten geregelt. Bei den Werten, mit denen wir hier in der Agentur zu tun haben, müssen wir uns schützen können. Er und Marie-Claire waren eine Zeit lang ganz wild auf das Geballer im Schießübungsraum. Seitdem Marie aber in diesem Esoterikzentrum zugange ist, hat sich das bei ihr gelegt. Gibt's sonst noch was?« Ab jetzt schmollt Ellen. Ich verabschiede mich. Kurz nach ein Uhr nachts steige ich in meinen Opel GT.

Der Opel und ich cruisen durch die leeren Straßen der Frankfurter City. Um unsere Gedanken in Ordnung zu bringen. Unter den Hochhäusern der Commerzbank und der Hessischen Landesbank stehen wir an der Ampel auf der Neuen Mainzer Straße. Im Radio läuft das Nachtprogramm von HR 3. Rechts neben uns hält ein tiefergelegtes Audi-Cabrio mit Perlmuttlackierung. Links bremst hart ein BMW SUV X6. Hinter uns hält

Stoßstange an Stoßstange ein fetter Chrysler-Kombi. Der Audi-Fahrer, Typ reicher Erbe, lässt einen Rolex-Arm aus dem Fenster baumeln. Der BMW-Fahrer im rosa Ralph-Lauren-Poloshirt labert uns von der Seite an: »Na, bringst du dein Möchtegern-Rennauto zurück ins Museum? Mal ehrlich, Alter, wie viel PS hat der Opel? Nicht mal hundert, stimmt's?«

Ich merke, wie mein Opel GT auf diese Bemerkung mit einem Zündaussetzer reagiert. Das rosa Hemd hat, ohne es zu wissen, den wunden Punkt des Opels getroffen. Die Motorisierung eines Opel GT ist in der Tat nie die leistungsstärkste gewesen. Das ist bei der leichten Karosse auch nicht nötig. Außerdem war es vor vierzig Jahren nicht üblich, dass sich irgendwelche Rotzlöffel mit geerbten dreihundert PS durch die Gegend katapultieren durften, um eine Gefahr für die Allgemeinheit darzustellen. Immerhin hat mein Opel GT die stärkste serienmäßige Motorvariante eingebaut, die große Maschine des 1900er Opel Rekord.

Ich ignoriere die Burschen und kurbele am Radio. Noch zeigt die Ampel Rot. Ohne dass ich das Gaspedal berühre, erhöht der Opel GT seine Drehzahl. Das instinktive Ahnen einer Grünphase ist einem Opel GT serienmäßig in die Motorhaube gelegt. Kurz bevor die Ampel auf Gelb springt, jagt der Opel mit durchdrehenden Reifen den circa tausend PS, die auf die drei Autos hinter uns verteilt sind, davon. Ich klammere mich am Lenkrad fest. Während der Motor des Opel GT beim Öffnen der Vergaserklappen den edlen Sound eines

Neunzehnhundert-Kubikzentimeter-Motors ertönen lässt, lärmen die sounddesignten Verfolger synthetisch durch die Hochhausschluchten. An der Ampel an der Taunusanlage kommen wir nebeneinander zum Stehen.

Der BMW-Fahrer schlägt dem Opel und mir vor: »Okay, ihr zwei Silbereisen, vor bis zum Rebstockbad und dann zurück bis zum Messekreisel. Um eine Pulle Pommery.«

»Um eine Kiste Possmann«, antworte ich und zünde mir eine Camel an. Ab jetzt lehne ich mich zurück und lasse den Opel machen. Am Güterplatz müssen wir die PS-starken Autos ziehen lassen. Erst vor der Galluswarte können wir wieder aufschließen. An der kurvigen Straßenführung der Tram-Haltestelle muss der BMW-SUV hart in die Eisen gehen. Auf den rutschigen Straßenbahnschienen stellt sich die Karre quer. Zwischen dem Metallgeländer der Haltestellenabsperrung und dem querstehenden BMW bleibt eine schmale Lücke. Zu schmal für den Chrysler und zu schmal auch für den Perlmutt-Audi mit seiner Spurverbreiterung. Aber nicht zu schmal für einen unverbauten original Opel GT, Baujahr 1972! Mein Opel GT rauscht durch die Lücke. Die drei Wagen entknoten sich und rasen uns Highspeed durch das Gallusviertel hinterher. An der Krifteler Straße haben sie uns überholt, allen voran diesmal der Perlmuddi. An der scharfen Rechtsabbiegung zur Schmidtstraße macht der wendige Opel GT ein paar Meter gut und treibt die Frischlinge in Richtung des Kreisels am Römerhof vor sich her. Mit kreischenden Reifen nimmt der Perlmuddi als Erster die enge Kurve im Kreisverkehr. Gefolgt von dem sich gefährlich zur Seite neigenden BMW. Alle Fahrzeuge sind jetzt dicht aufgerückt. »In die Kurve rein = Gas raus; aus der Kurve raus = Gas rein.« Diese goldene Rennfahrerweisheit ignoriert der Chrysler-Fahrer. Um den Anschluss an seine Freunde nicht zu verlieren, beschleunigt er seinen Schlitten vor dem Kreisel. Doch der lange Radstand des Chrysler lässt diesen Speed in der engen Kurve nicht zu. Der Gott der Landstraße erteilt eine Lehrstunde. Die Karosse gerät ins Schlingern, bricht aus und kracht über eine hohe Bordsteinkante. Der Aufprall befördert den jungen Pkw-Piloten zum Flugpiloten. Allerdings bloß zum Kopiloten, denn wirklich eingreifen kann er in die elegante Schraube seines Chrysler 300C Touring nicht. Wie in Zeitlupe sehen wir den schwarzen Zeppelin durch die Luft gleiten. Dann schlägt das Auto, die Räder nach oben, in eine knallgelbe Hüpfburg, die für das morgige Familienfest des Schrebergartenvereins aufgestellt wurde. Was für ein unglaubliches Glück! Aber noch ist die Flugstunde nicht zu Ende. Wie ein Trampolin nimmt die Hüpfburg den Chrysler auf und lässt ihn mit einer halben Drehung im hohen Bogen in einen Gartenschuttcontainer springen, wo das Auto seinen endgültigen Parkplatz findet. Zwar richtig herum, aber als Totalschaden. Im Rückspiegel sehe ich, wie der Hipster aus seinem Blechzeppelin klettert und seine Adidas-Cap wütend auf den Boden drischt.

Auf der kurvigen Strecke rund um das Rebstockgelände schaffen es der BMW und der Perlmuddi nicht, sich entscheidend von uns abzusetzen. In dem engen Abzweig auf die Ursinusstraße Richtung Messe gelingt es dem Opel GT sogar, innen an den herumeiernden Karossen vorbeizuziehen. Was jetzt noch vor uns liegt, ist die lange Gerade der Autobahn 648, die in die Theodor-Heuss-Allee mündet. Ziel Messekreisel. Eine hoffnungslose Angelegenheit gegen die übermotorisierten Verfolger. Wenn da nicht der nächtliche Autoverkehr zur IAA, der Internationalen Automobil Ausstellung, wäre, durch den wir uns schlängeln. Ab dem Opel-Rondell sind der BMW und der Perlmuddi aber nicht mehr aufzuhalten. Mit zweihundertzwanzig Sachen donnern sie wie die Gestörten an uns vorbei. Schon wird der Messekreisel sichtbar. Da nimmt der Opel das Gas weg und bremst auf die zulässige Geschwindigkeit von sechzig herunter. Sollte der Opel GT im Angesicht der sicheren Niederlage einfach mitten im Rennen aufgegeben haben? Da hätte ich ihn als faireren Verlierer eingeschätzt! Als es vom Parkplatz des Messegeländes zweimal grell orange in die Dunkelheit blitzt, schäme ich mich für mein Misstrauen. Mein Opel hat mal wieder goldrichtig reagiert. Lässig zieht er in der vorschriftsmäßigen Geschwindigkeit am Perlmuddi und dem BMW vorbei, die vor dem Messekreisel herausgewunken werden.

# MON CHÉRI MIT DER PIEMONTKIRSCHE

Marie-Claire Gascoigne ist gestern aus dem Krankenhaus entlassen worden. Sie wohnt in Frankfurt-Sachsenhausen. Ihre Wohnung liegt über einer Filiale der Parfümerie Douglas in der geschäftigen Schweizer Straße in Frankfurt-Sachsenhausen. Aus der Parfümerie strömt ein durchdringendes Durcheinander von Düften. Mir wird schwindelig. Ein Schmerz zuckt in einer Zickzacklinie über meine Stirn. Ich stecke mir eine Camel ohne an und inhaliere einen tiefen Zug.

Einer Eingebung folgend drücke ich den Klingelknopf bei »M. C. Gascoigne« in einem bestimmten Rhythmus: dreimal kurz und einmal lang. »Da-da-da-daaaaaa!« Moment mal! – Ist das nicht Beethovens Fünfte? Die Schicksalssymphonie?

Meine Cowboystiefel klackern durch den gekachelten

Hausflur. Die Tür zu Gascoignes Wohnung ist nur angelehnt. Erwartet sie jemand anderen? Auf mein Klopfen folgt keine Reaktion.

»Hallo, Frau Gascoigne?« Ich trete ein. Marie steht direkt vor mir. Ihre Augen sind geschlossen, ihr Kopf in den Nacken gelegt. Beide Arme, der gesunde und der geschiente, sind ausgebreitet und nach hinten abgewinkelt. Maries Kopf schmückt eine indianische Haube aus Pfauenfedern. Der farbige Federschmuck umspannt einen guten Meter. Die Federspitzen biegen sich an der Zimmerdecke. Sie trägt einen bodenlangen, offenen Umhang, dessen Gürtelenden herabhängen. Die Sekretärin Marie-Claire Gascoigne hat sich in die Hohepriesterin Vanisha Bang verwandelt. Ein entrücktes Lächeln spielt auf ihren Lippen. Ziemlich ratlos stehe ich vor der halb nackten Titanin zweiten Grades. Als sie ihre Augen öffnet und mich erblickt, verschwindet ihr Lächeln sofort.

»McBride, was …?«

»Sorry, Frau Gascoigne, ich wusste nicht, dass Sie heute Putztag haben. Ich warte draußen, bis Sie mit dem Abstauben fertig sind.« Jetzt rechne ich eigentlich mit einem ihrer üblichen Wutausbrüche. Mit Pralinen werfen und so weiter. Aber Marie lacht herzlich auf.

»Sehr schön, McBride! Na, dann kommen Sie mal rein. Setzen Sie sich! Ich ziehe mir grad was anderes an und hol uns was zu trinken.« Vanisha Bang kommt mit zwei vollen Gläsern Asbach Uralt zurück. Sie hat sich umgezogen und trägt nun einen pinken Frottee-Jumpsuit von Harald Glööckler und Hello-Kitty-Flipflops.

»Ich schätze, ich bin nicht der, den Sie erwartet haben, Frau Gascoigne.«

»Das ist richtig. Ich erwarte eine Sendung von Zalando.«

»Und da wollten Sie dem Fahrer eine kleine Freude machen und haben sich ein bisschen was Spezielles angezogen, stimmt's?«

»Sie haben's erfasst!« Feixend nimmt Marie einen großen Schluck Brandy. Es wird nicht leicht werden, von dieser Frau brauchbare Antworten zu erhalten.

»Erinnern Sie sich, als ich das erste Mal bei Ihnen im Büro der Art Consultants war?«

»Na klar, McBride«, grinst Marie breit wie ein Doppel Whopper. »Sie haben ja gleich großen Eindruck bei der Chefin hinterlassen.«

»Wer hat Ihnen eigentlich damals das Veilchen verpasst, das Sie unter der Gucci-Brille versteckt haben?«

Marie schaut an mir vorbei ins Nirgendwo. Als müsste sie überlegen, von was gerade die Rede ist. »Ach das! Sie meinen den blauen Fleck. Das war nur … da habe ich mich gestoßen. Am Badezimmerschrank. An meinem Allibert.« Marie Gascoigne lässt sich nicht aus der Ruhe bringen.

»Glauben Sie eigentlich an die besonderen Kräfte, die von der Beuys-Zeichnung ausgehen sollen?«

Marie wird ernst. Sie stützt ihr Kinn auf den nicht geschienten Arm. »Ich denke, es gibt durchaus mehr Dinge zwischen Himmel und Erde, als sich unsere Schulweisheit träumen lässt.«

Die Türglocke wird erneut in dem besonderen Rhythmus – dreimal kurz und einmal lang – gedrückt: Da-da-da-Daaaaa! Mit wem und wozu hat Marie dieses Signal vereinbart? Und wieso kannte ich dieses Signal bereits?? Sollte es vielleicht doch Dinge zwischen Himmel und …? Der Klingelton schwingt durch den Raum. Der gleiche, lähmende Kopfschmerz wie unten vor der Douglas-Filiale überfällt mich. Ich kann mich nicht mehr bewegen. Wie durch Nebel nehme ich Marie-Claire Gascoigne wahr. Sie beugt sich vor. Auf ihrer Schulter sitzt ein Eichhörnchen, das mich böse angrinst. Rotzfrech winkt mir der kleine Racker mit beiden Pfötchen zu wie ein Flughafenlotse. Das knopfäugige Nagergesicht kommt mir bekannt vor. Die Gesichtszüge des Winkehörnchens gleichen denen von Eon Tui Axa, alias … Duweißtschonwer.

Um den Lähmungszauber zu brechen, muss es mir gelingen, den bürgerlichen Namen des Magiers auszusprechen. Mit größter Anstrengung hauche ich sie, die vier deutschen Silben: »Rein…hold … Stuss…mann.« Sicherheitshalber füge ich noch ein prosaisches »Du Arschgeige!« an. Die Sinnesstörungen verschwinden.

»Fühlen Sie sich nicht wohl, McBride?«

»Doch. Geht schon wieder. Hat es nicht gerade geklingelt? Haben Sie eigentlich Haustiere?«

»Ach, das war bestimmt ein Kurier. Der kann später noch mal kommen. Wenn es besser passt. Jetzt habe ich ja schon lieben Besuch, nicht wahr?« Vanisha Bang tätschelt mir mein Knie wie ein Berliner Taxifahrer das einer japanischen Touristin. Ich schaue aus dem offenen Fenster auf die Schweizer Straße. Unten parkt gerade der Smart von Reinhold Stussmann aus und fädelt in den Verkehr ein.

»Kennen Sie eigentlich die beiden Brüder Vitali und Wladimir?« Marie kratzt sich selbstvergessen unter der Brust.

»Nö, kenn ich nicht. Wer soll das sein? Klingt russisch.«

»Hören Sie, Marie, ich weiß, dass Sie die beiden kennen. Diese Leute sind gefährlich. Sie haben versucht mich umzubringen. Die schrecken auch nicht davor zurück, jemand anderen zu beseitigen. Bis sie das haben, was sie suchen. Ihr Chef Körner ist erschossen worden. Der Fahrer des Transporters ist immer noch verschwunden. Wollen Sie abwarten, bis das nächste Unglück passiert? Ich weiß, dass Sie mir die zwei Kerle wegen der Beuys-Zeichnung ins Loft geschickt haben. Wieso übrigens ausgerechnet zu mir? Sagen Sie mir endlich, was Sie wissen!«

»McBride, ich kann Ihnen nichts sagen. Mit dem Mord habe ich nichts zu tun. Bitte gehen Sie jetzt.« Marie hält mir die Wohnungstür auf. Ich kippe den Asbach Uralt runter. Halb draußen, drehe ich mich noch einmal um. Zeit, meine Geheimwaffe einzusetzen: Ich ziehe die Sechserstange Mon Chéri mit der Piemontkirsche aus der Jackentasche und halte Marie die Schnapspralinen unter die Nase. »Wenigstens ein kleiner Tipp, Marie?«

Marie-Claire Gascoigne starrt auf die unwiderstehliche Köstlichkeit aus dem Hause Ferrero. Mon Chéri mit der Piemontkirsche. Gierig peilt das Schleckermäulchen nach der vitaminreichen Spezialität mit ein wenig Alkohol. Ich halte die Mon Chéri für Marie unerreichbar in die Höhe. Dieser Versuchung ist sie nicht gewachsen.

»Also gut, McBride. Kommen Sie nächsten Samstag zu den Esoteriktagen am Runenfeld im Hunsrück. Das ist in der Nähe von Bad Sobernheim, falls Sie das Kaff kennen sollten. Der Platz ist von der Bundesstraße einundvierzig ab Bad Sobernheim ausgeschildert. Folgen Sie dem Zeichen mit dem roten Eichhörnchen. Kommen Sie nachmittags zum Schwitz-Zelt und nehmen Sie am Abschlussseminar ›Das schamanische Totemtier‹ teil. Mehr kann ich Ihnen wirklich nicht sagen. Ziehen Sie sich was Passenderes an.«

»Was meinen Sie mit *Passenderes?*«

»Das überlasse ich Ihnen. Und jetzt raus!« Vanisha Bang reißt mir die Mon-Chéri-Packung aus der Hand und knallt mir die Tür vor der Nase zu.

Keine Ahnung, was die Frau an meinem Kapuzenpulli von Obey, den Reebok-Sneakers und der Jubiläums-Cap vom Opel-GT-Treffen 2008 auszusetzen hat.

Unten auf dem Bürgersteig liegen zwei glänzende, rosarote Pralinenpapiere auf dem Bürgersteig. Ein drittes segelt gerade aus Maries Fenster heraus. Mon Chéri mit der Piemontkirsche – wer kann dazu schon Nein sagen?

# FRANKFURT FASHION WEEKEND

Samstagvormittag in der Frankfurter City. Über den Eisernen Steg strömen die Leute zum Flohmarkt am Sachsenhäuser Ufer. Sommersonnenlicht glitzert auf den Mainwellen. Der Flohmarkt ist überfüllt. Unten am Sachsenhäuser Mainufer quetscht sich die Menschenmenge an den Flohmarktständen vorbei. Es ist heiß. So richtig heiß. Einige Marktbesucher haben wegen der Hitze ihre Shoppingtour bereits abgebrochen und machen es sich auf den Gastronomiebooten beim Apfelwein gemütlich. Erste Nasen leuchten schoppenrot.

Mehr als fünfzig Euro soll mich der Spaß hier heute nicht kosten. Das ist der Preis, den ich für den Erwerb eines esoterischen Outfits, bestehend aus Hemd, Hose, Jacke und Schuhen, angepeilt habe. Ein kompletter schamanischer Dienstanzug. Der Frankfurter Flohmarkt ist genau der richtige Platz für den Erwerb, sagen wir mal, authentischer Bekleidung. Darüber hinaus bietet er eine Menge anderer Dinge. Kunsthandwerk wie zum Beispiel geklaute Grabsteinbuchstaben oder eine riesige Auswahl an funktionsuntüchtigen Elektrogeräten. Diese Warenbestände der oberen Abteilungen des Flohmarktes, die noch um den Anschein seriösen Händlertums bemüht sind, werden durch untere Abteilungen, die sich tatsächlich weiter unten auf den Zufahrtswegen zum Mainufer breitmachen, ergänzt. Hier gibt es Waren zu kaufen, die woanders bereits als Abfall entsorgt worden sind und hier eine Chance auf ein zweites Leben bekommen. Auf den Tapeziertischen, die zusammengeklappt werden, sobald die Marktkontrolle auftaucht, findet man gebrauchte Textilien aller Art. Aus diesem Warenangebot der unteren Etage gedenke ich mein schamanisches Inkognito zusammenzustellen. Käufer und Verkäufer sind in dieser liebenswert ursprünglich merkantilen Zone kaum zu unterscheiden. Ich bilde mit meinen Markenklamotten eine Ausnahme. Noch! Wenn ich mit meinem Einkauf fertig bin und mich umgezogen habe, wird sich das geändert haben.

Dem wilden Geschrei an dem Flohmarktstand, vorgetragen in einer erfrischend freien Interpretation der deutschen Sprache, entnehme ich, dass jedes der angepriesenen Textilien ein Euro kosten soll. Recht schnell finde ich eine dunkelblaue Hose mit weit ausgestellten Beinen und speckig glänzenden Knien. Der verstorbene Besitzer nimmt sofort mit mir Kontakt auf. Die Hose juckt.

»Ein Euro, alles ein Euro«, plärrt mir die Verkäuferin ins Ohr, sobald ich ein Stück aus dem Klumpen Stoff berühre. Ein, zwei Nummern zu großes weißes Hemd, Modell Brautvater 1985, ist gleich zur Hand. Dass auf Bauchhöhe das Brandloch einer Zigarette prangt, werte ich als glücklichen Umstand. Das wird beim Publikum im Hunsrück-Eso-Camp möglicherweise auf ein früheres, mittlerweile geläutertes Leben voller romantischer Ausschweifungen schließen lassen. Als Oberbekleidung wähle ich eine dicke, graue Filzjacke, an der die Knöpfe fehlen. Umso besser. Hier wird ein buntes Tuch oder ein Gürtel mit einem Ethno-Dekor das Tüpfelchen auf dem i ausmachen. Bisher habe ich zweiundzwanzig Euro investiert, je einen für Hemd und Hose und zwanzig, ohne zu handeln, für die Jacke. Fehlt noch das adäquate Schuhwerk. Ich muss suchen, bis ich das passende Gegenstück zu einem abgewetzten Lederstiefel gefunden habe. Ich probiere die schweren Stiefel an, in denen irgendein Opa damals aus Sibirien geflüchtet ist. Sitzen wie angegossen.

»Kannst du haben, mein Freund.« Der Händler schaut an mir hoch und runter und will mir die Dinger schenken. Ich gebe dem Mann trotzdem fünf Euro, rein karmatechnisch. Jetzt sind wir bei siebenundzwanzig Euro. Eine Etage höher, auf der offiziellen Verkaufsfläche, bietet ein Stand in der Kunsthandwerksabteilung peruanische Folklore an. Ein Indianergürtel mit einer silbernen Schnalle, auf der eine Adlerschwinge prangt, hat es mir auf Anhieb angetan.

»Kommt der Gürtel aus Peru?«, interessiere ich mich.

»Nein, der ist aus China«, antwortet der peruanische Händler wahrheitsgemäß.

»Macht nichts, nehme ich trotzdem. Was kostet das Teil?«

»Fünfzehn.«

»Zehn.«

»Fünfzehn.«

»Zwölf.«

»Fünfzehn.«

»Meinetwegen.« Ich blättere die fünfzehn Mücken hin.

»Sehr schöner Gürtel«, rechtfertigt der chinesische Peruaner seinen mangelnden Verhandlungswillen.

»Soso.«

Immerhin schenkt er mir eine Aldi-Tüte, in der ich meine eigenen Klamotten einpacken kann. Ich schnalle den Gürtel um die dicke Filzjacke und betrachte mich in einem Flohmarktspiegel. Nicht übel. Das verwatzte, aber irgendwie auch festliche Hemd unter der groben Jacke, die mit dem Ethnogürtel zugeschnallt ist, die schweren Lederstiefel, das macht sich alles wirklich gut. Mein Fünftagebart passt genau zu diesem Outfit. So ähnlich habe ich mir meinen Look vorgestellt. Irgendwas zwischen Rasputin, Goethes Werther und Halbblut Apanatschi. Als spiritueller Dandy dekoriert, sorge ich sogar auf dem an merkwürdigen Erscheinungen keineswegs armen Frankfurter Flohmarkt für Aufmerksamkeit. Um mich vor dem blöden Geglotze zu schützen, erstehe ich an einem Stand mit gefakten Markenbrillen aus Fernost eine verspiegelte Ray-Ban-Pilotenbrille. Ein letzter Blick in den Spiegel lässt keine Wünsche mehr offen. Bad Sobernheim, here I come!

Aber die Vorbereitungen sind noch nicht abgeschlossen. Die Verpflegungssituation auf Schamanentreffen schätze ich generell skeptisch ein. Wie sich noch herausstellen wird, zu Recht. Um in der Hunsrück-Pampa nicht frutarischen Nahrungsexperimenten ausgeliefert zu sein, schlinge ich auf dem Flohmarkt einen Döner mit doppelt Fleisch und Knoblauchsoße runter. Beinahe ohne zu kauen. Das Ganze spüle ich mit drei Binding Export nach.

Mit Gott und der Welt zufrieden schlendere ich vom Sachsenhäuser Ufer über den Eisernen Steg zurück zu meinem Opel GT, den ich an der Kleinmarkthalle geparkt habe. Mir geht's heute einfach super. Mal ehrlich: Was für ein geiler Auftrag! Die Camel ohne schmeckt großartig. Ich blase perfekt runde Rauchkringel in den Sommerhimmel. Doch der letzte Kringel bleibt mir im Hals stecken.

Ausgerechnet jetzt kommt mir mein Freund Yves mit seiner eleganten Frau entgegen. Und Josefine begleitet die beiden. Die drei dürfen mich auf keinen Fall in den schäbigen Flohmarktklamotten sehen. Dem Aldi-Koffer und der Alibaba-Ray-Ban. Ich drehe mich zum Eisengeländer des Stegs Richtung Fluss weg. Zu spät. Yves, der alte Checker, hat mich trotz meiner Tarnung längst erkannt. Er führt die beiden Frauen zu mir herüber. Charmanterweise ignoriert er meinen schäbigen Aufzug. »Bonjour, Jürgen. Schön, dich zu sehen. Ich dachte, du meldest dich mal.«

»Hmm, hi, Yves, du, das passt gerade nicht. Ich …«

Josefine starrt mich mit großen Augen an. »Oh, Jourgen, qu'est-ce que ça? Je ne peux vraiment pas croire ce que je vois. Mon dieu qu'est-ce qui t'es passé? Mon pauvre petit chouchou!«

»Pardon, Josefine, aber diese Situation ist wirklich extraordinaire. Ich ermittele in einem Kriminalfall. Undercover. Deswegen auch diese Verkleidung als clochard.« Nachdem ich die Sachlage kurz in astreinem Französisch, weswegen mich übrigens mein guter Freund Franc »Wroangk« Ribery der Académie française demnächst als Ritter der französischen Ehrenlegion vorschlagen wird, erläutert habe, dämmert meinen Freunden langsam, dass sie mit ihrer Aufmerksamkeit mein detektivisches Inkognito gefährden.

»Je compris«, raunt mir Yves verschwörerisch zu und zieht Josefine, die sich nicht von mir lösen kann, mit sich fort. Josefine streift mit ihrer *Hirse* an meinem stahlharten Trizeps vorbei, um mir ein: »Oh Jourgen, je vais mourir si je ne te revoir pas bientôt, mon héros!«, ins Ohr zu hauchen.

»Oui, mir geht's genauso, Josi, ma chérie«, bestätige ich allzu gerne.

Unsere Blicke voller Zärtlichkeit können nicht voneinander lassen. Aber gnadenlos lässt die kalte Hand des großen Croupiers, genannt »Schicksal«, seine Kugel im

Roulette der Liebe weiterrollen und reißt zwei Herzen, die ihre Namen im ewigen Buch der Leidenschaft mit roter Tinte eingetragen haben, auseinander. Das Leben kann manchmal verdammt grausam sein. Doch mein schwerster Kampf sollte mir noch bevorstehen.

Auf dem Rückweg zu meinem Opel bahne ich mir einen Weg durch die Menschen, die an jedem Wochenende am Frankfurter Römerberg herumhängen. Vorstädter posieren in Festtagsklamotten vor dem Standesamt am Rathaus. Austauschschüler schlecken nach einem Pflichtbesuch in der Paulskirche Eis oder rauchen. Familienväter aus Aschaffenburg, mit Wadentattoo und Bauchansatz, futtern Rindswürste aus der Hand. Chinesen mit struppigem Hinterkopf fotografieren sich gegenseitig. Ergrautes deutsches Museumspublikum sucht mit achtsamer Miene nach Schirn und Städel. Frankfurter, die diese Route als Fußweg über den Main nach Sachsenhausen nutzen, bleiben für einen Moment auf dem sonnenbeschienenen Platz stehen und schauen sich das Volk an. Mir scheint, all diese Leute machen heute einen großen Bogen um mich.

Der Opel GT und ich haben hinter der Kleinmarkthalle in der Nähe der Konstabler Wache geparkt. Ich freue mich jedes Mal aufs Neue, in den Jahrhundertrenner aus der Rüsselsheimer Fahrzeugschmiede einzusteigen. Zu Recht gilt das Interieur eines Opel GT bis zum heutigen Tag als das gelungenste Wageninnenraum-Design der Welt. Allzu oft scheiterten in den vergangenen vierzig Jahren Versuche englischer oder italienischer Premium-Automarken, das Innenraum-Design eines Opel GT mit reichlich Elektronik oder teuren Tropenhölzern zu toppen. Unübertroffen steht heute die schlichte Eleganz der Opel-Armaturen als Monument der Ehrlichkeit vor uns. Mehr und mehr überzeugt in unserer immer komplizierter werdenden Zeit ein Schalthebel, mit dem der Fahrer die Außenwelt in vier Gänge und einen Rückwärtsgang einteilen kann. Konsequenterweise ist jedes Teil, das die direkte Beziehung von Mensch und Maschine stören würde, aus dem Armaturenbrett verbannt. Übrig geblieben ist die Funktionalität weniger Bedienelemente von geradezu kristalliner Schönheit. Einzig einen Getränkehalter für eine Dose Binding könnte man vermissen.

Es ist Zeit, in den Opel abzutauchen. Aber die Fahrertür meines besten Freundes klemmt. Wie ein Verrückter ziehe ich am Türgriff. Nichts zu machen. Ratlos laufe ich um den Opel herum. Ich schiebe meine brandneue Pornobrille in die Stirn und schaue dem Opel in die Schlafaugen-Scheinwerfer. Hat er mir nicht gerade zugeblinzelt? Die Wagentür springt mit leisem Klacken auf. Der Schlawiner! Da wollte er mir mal wieder einen Streich spielen, der kleine Racker! Oder hat er mich in dem Schamanen-Outfit nicht erkannt? Das werde ich auf der Fahrt durch die City gleich mal mit ihm durchsprechen.

# ILLUMINATI

Wir verlassen die City über den Messekreisel Richtung A 648. Am neuen Europaviertel fahren wir an der Messe vorbei. Mein Opel und ich können uns ein fettes Grinsen bei der Erinnerung an die geflashten BMW- und Audi-Hipster nicht verkneifen. Wir fliegen über die Autobahn zum Flughafen und wechseln zur A 60 Richtung Hunsrück. Hinter Mainz, in Rheinland-Pfalz, wird der Verkehr allmählich dünner und die Leute dicker. Ich überlasse das Steuer ab jetzt dem Opel GT. Als ein Schild »Bad Sobernheim – 3 km« auftaucht, lege ich mein Jerry-Cotton-Heft weg und halte Ausschau nach dem roten Eichhörnchen-Symbol, von dem Vanisha Bang gesprochen hat. Das Zeichen taucht bald auf einem Pappschild am Straßenrand auf. Ein rotes Eichhörnchen, das in seinen Pfoten ein Dreieck mit einem Strahlenauge hält. Der Wegweiser zeigt zum Abzweig einer schmalen Landstraße, von der wir in einen engen Feldweg geleitet werden. Zwei Kilometer windet sich der Weg durch ein dunkles Waldstück und wird immer holpriger. Der Opel setzt ein paarmal mit dem Unterboden auf.

Der Weg öffnet sich aus dem dichten Fichtenwald zu einer lichten Wiese. Auf dem weiten Gelände stehen über hundert Zelte, Wohnwagen und Bretterbuden. Lagerfeuerrauch zieht über das Hüttendorf. Kinder und Hunde tollen über die Wiesen. Ein Bild wie in einer Film-Totalen in einem 1970er-Jahre-Western. Kurz bevor die US-Kavallerie mit Langsäbeln über ein friedliches Indianercamp hereinbricht. Um das Land für weiße Siedler zu leeren. Aber wir sind nicht im Wilden Westen, sondern im Hunsrück. Ein Landstrich in West-Deutschland, den die Bewohner seit einigen Jahren bereit sind, freiwillig zu räumen.

Einen Sixpack Binding Export und eine Packung Crunchips unter den Arm geklemmt, halte ich nach einem gemütlichen Plätzchen Ausschau. Fröhliche Menschenkinder tanzen auf den Wiesen. Yoga-Gruppen biegen ihre Körper unter freiem Himmel. Flötenspieler blasen muntere Weisen. Die Atmosphäre des Camps, die meditativen Rhythmen und mein Schamanenkostüm bringen mich in Stimmung, hier spontan mitzutanzen. Ich habe nicht übel Lust, meine Schwestern und Brüder mit einem Frei-Tanz zu Ehren des Höchsten Wesens zu überraschen. Aber ist die Zeit wirklich schon reif, der Erdenmenschheit durch meine Tanzdarbietung den rechten Weg zu weisen? Auch könnte die Performance die Aufmerksamkeit der Camp-Teilnehmer zu stark auf mich ziehen und meine Ermittlungsarbeit gefährden. Für dieses Mal nehme ich mich also zurück und lustwandele inkognito über das Gelände.

In den Marktbuden auf dem Camp kann man das komplette Warenangebot der Esoterikbranche bestaunen. Amethyste, Amulette, Batiktücher, Bücher zur korrekten Lebensführung, Chakra-Kerzen, Farbdrucke und Figuren von indischen Heiligen, magische Leuchter, Räucherstäbchen, Tarotkarten und so weiter. Dienstleister für Aurafotografie, begleitete Seelenwanderung, Handlesung, Numerologie, Pendeldiagnostik, Wahrsagung und Wunderheilung erwarten ihre Kunden. Fressbuden mit Essens-Substituten aus Dinkel, Hirse, Soja, Tofu und anderen kalorienspendenden Missverständnissen sorgen für eine moralisch einwandfreie Ernährung. Pappige Fladenbrote, grüngraue Fleischersatz-Würstchen, Bärlauch-Giersch-Aufläufe oder nässender Kuchen aus Briefbeschwerer-Teig feiern hier gemeinsam den kulinarischen Untergang des Abendlandes.

Im Vorbeigehen checke ich die Leute im Camp. Ohne ein bekanntes Gesicht zu sehen. Etwas zieht mich zu einer Gruppe, die sich um einen weißhaarigen Sprecher geschart hat. Direkt auf einen freien Platz zwischen zwei attraktiven Zuhörerinnen. Mit einem original Matthias-Brandt-Yogaschwung lasse ich mich zwischen den Heilssuchenden im Schneidersitz nieder. Meine Fressalien stelle ich vor mir auf dem Rasen ab. Die beiden Mitschwestern mustern mich skeptisch. Offensichtlich dringt keine schlüssige Idee durch ihre hennaroten Haarhelme, wie sie meine esoterisch korrekte Schamanenuniform und den Sixpack Binding Export und die Tüte Crunchips unter einen Hut bringen können.

»Plopp!« – bester Laune öffne ich mein erstes Binding Export mit dem Feuerzeug. Ich biete den beiden einen Schluck von der Ambrosia aus der Frankfurter Traditionsbrauerei an. Die beiden lehnen ab. Immerhin habe ich jetzt die Aufmerksamkeit aller Heilskandidaten der etwa zwanzigköpfigen Sitzgruppe gewonnen. Höflich proste ich meinen Campingplatzfreunden zu. »Auf gute Nachbarschaft.« Doch daran ist den Spaßbremsen nichts gelegen. Einige schütteln sogar den Kopf und zischen mich aus.

Wenn man hier auf ein herzliches Miteinander keinen Wert legt – bitte schön! Dann haue ich meinen Schoppen eben alleine weg. Ich grüße mit einem Kopfnicken in die Runde. Den missbilligenden Blicken begegne ich mit der kosmischen Wärme eines Frankfurter Trinkhallenphilosophen erster Kajüte. Wenn ich auch keinen blassen Dunst von der Lehre unseres Frankfurter Lokalphilosophen Schopenhauer habe, so ehre ich doch seinen Namen, wo immer ich kann.

»Entschuldigen Sie, gnädige Frau, nur eine klitzekleine Frage: Bin ich hier richtig in dem Kurs ›Channeling mit Isirius‹?«, flüstere ich meiner Nachbarin zu und halte ihr die Crunchips BBQ unter die Nase.

Die rothaarige Schönheit schiebt die Chipstüte zur Seite. »Nein, das hier ist der Kurs ›Chetana Sadhana‹.«

»Interessant. Was genau darf man sich darunter vorstellen?«

»Das ist ein Kurs zur Erweckung deines Bewusstseins. Sei einfach still und hör zu. Und tu mir einen Gefallen: Pack das Fresszeug weg!«

»Danke. Geht klar.« Was soll's, kein Ding, Bier und Chips können warten. Hand aufs Herz: Bier und Chips kriegt man an jeder Tankstelle. Aber die Wahrheit – die gibt es nicht überall.

Die Erweckungskollegen haben sich wieder auf das Gespräch konzentriert, das vorne an einem flachen Podest stattfindet. Auf der Bühne sitzt ein ungefähr siebzigjähriger Mann mit fusseligem Haarkranz und strahlenden Augen in einem Regiestuhl. Wie auf einem Thron, gekleidet in Knallorange. Ruhig hört er den hartnäckigen Fragen zu, die ihm ein dem Lebenssinn nachjagender Zahnarzt aus Bielefeld stellt.

»Ich wohne und arbeite in Bielefeld. Ich mache seit dreizehn Jahren Yoga. Ich ernähre mich vegan und trinke nur Regenwasser. Ich habe letztes Jahr acht Monate am Stück auf Fuerteventura meditiert. Aber Erleuchtung kann ich nirgendwo finden. Wie viel Mühe und Zeit soll ich noch investieren? Wo muss ich noch hingehen, um erleuchtet zu werden, Meister?«

»Du musst nirgendwo hingehen. Bleib einfach in dir selbst. Konzentriere dich. Wenn du ganz du selbst bist, dann bist du bei dir angekommen.«

»Danke, Meister! Ich fühle mich schon viel besser.«

»Na siehst du! Der Nächste bitte.« Niemand meldet

sich. Die Veranstaltung gerät ins Stocken. Die Jünger blicken ratlos vor sich hin. Unser Meister im Regiestuhl lässt sich von der angespannten Stille nicht aus der Ruhe bringen. Gut gelaunt schaut er über die Seminarrunde ins Endlose. Die anderen Heilssucher werden nervös. Einige tun so, als ob sie meditieren. Die Veranstaltung wird langweilig. Ich entknote mich aus dem Schneidersitz und hinke vor zum Podest. »Servus, Meister!«, spreche ich den Guru freundlich an. Mit einer aus dem Universum in seinen Arm fließenden Geste bedeutet er mir, mich zu setzen. Ich kauere mich auf den Podestrand zu seinen Füßen nieder.

»Was führt dich zu mir, mein Freund?«, fragt mich der Meister.

»Ich möchte mein Kundalami-Zentrum aktivieren und dem Hüter meines Lichtkörpers begegnen«, antworte ich und blicke treuherzig in seine indischen Knopfaugen. Nichts regt sich in denselben. Eine Ewigkeit vergeht, ohne dass der Meister reagiert. Die Erweckungsjünger haben längst aufgehört, sich schlafend zu stellen, und warten gespannt auf die Reaktion ihres Meisters. Da winkt der Ehrenwerte mich näher zu sich heran. Für die anderen unhörbar flüstert er mir ins Ohr: »Du willst mich verarschen, richtig?«

»Na ja«, flüstere ich ertappt zurück. »Vielleicht ein bisschen … Ich wollte Sie wirklich nicht kränken, mein Herr … Ehrlich gesagt habe ich von dem ganzen Kram hier keine Ahnung.«

»Warum kommst du hierher?«

»Ich bin Detektiv und ermittele in einem Mordfall, der mit diesem Milieu hier zu tun hat.«

»Und deine Kleidung?«

»Die soll einen schamanischen Priester darstellen.«

Der Meister schaut mich nachdenklich an. »Du hast noch einen weiten Weg vor dir.«

»Das will ich hoffen!«, antworte ich zuversichtlich. Lächelnd beugt sich der Menschenfreund aus seinem Sessel nach vorn und tippt mir mit seinem Zeigefinger zweimal auf die Stirn. Respektvoll schauen die am Boden kauernden Jünger zu mir auf, als ich zurück durch ihre Reihen auf meinen Platz schwebe. Die Gunst durch direkte Berührung hat der Meister hier noch niemandem erwiesen.

Die Julisonne senkt sich in den Vorabendhimmel. Zelte und Bretterbuden werfen lange Schatten über das Camp. Auf der Suche nach etwas Brauchbarem zu futtern laufe ich direkt in die reparierten Arme von Marie-Claire Gascoigne. Sie muss mich schon länger beobachtet haben.

»Na, McBride, Hunger?«, spricht sie mich an.

»Schön, Sie zu sehen, Frau Gascoigne.«

»Lassen wir doch den Scheiß. Ich bin die Marie.«

»Danke übrigens für den Tipp mit dem Camp, Marie.«

»Lohnt sich denn der Aufenthalt für unseren Meisterdetektiv?«

»Ermittlungstechnisch bis jetzt nicht. Sonst macht es aber viel Spaß. Der Abend ist ja noch lang. Wie war das noch mal mit der Schwitzhütte?«

Marie deutet auf eine Art Fell-Iglu am Rand des Camps. »Das runde braune Zelt da unten. Die Teilnehmer werden bald herauskommen. Die sind schon über fünf Stunden drin.«

»Slow cooking, was? Sehen wir uns später noch?«

»Du wirst mich schon finden. Jürgen.« Nach dieser Ansage dreht Marie ab.

Ich werde einfach nicht schlau aus dieser Frau. Was ist ihr Motiv bei der Beauftragung des Diebstahls des Millionen-Mantras von Meister Joseph gewesen? Welche Rolle hat sie bei der Exekution des Art Consultants Johannes W. Körner gespielt? Wieso hat sie mir die zwei Russen auf den Hals gehetzt? Obwohl klar ist, dass sie eng in den Fall verstrickt ist, kann ich keine sinnvolle Linie in ihrem Handeln erkennen. Die Person Marie-Claire Gascoigne alias Vanisha Bang scheint aus vielen Teilen zusammengesetzt, die nicht zueinander passen wollen. Douglas und Demeter, Mitgefühl und Mörderblick, Oberflächlichkeit und Obsession. Alles ist ineinander verwoben und doch widersprüchlich. Aber bestehen wir nicht alle aus solchen Widersprüchlichkeiten? Wie kommen plötzlich solche Weisheiten in meinen Kopf? Zeigen die zwei Stunden Aufenthalt im Esoterik-Camp bei mir schon Wirkung?

Um wieder klar zu sehen, köpfe ich eine frische Pulle Binding Export und setze mich mit Abstand zu der miefenden Schwitzhütte ins Gras. Aus den Nähten der aus Lumpen und abgeschnippelten Weidenruten zusammengebastelten Hütte dampft es mächtig. Etwas lugt jetzt aus dem Fellei. Ein kleiner grauhaariger Kopf arbeitet sich aus dem engen Ausgangsschlitz. Mit wurmartigen Bewegungen windet sich der Körper einer sechzigjährigen Frau aus den Zeltplanen und fällt wie ein neugeborenes Fohlen zur Erde. Das erschöpfte Gesicht mit einem verfilzten Haarschopf, in den vier Jade-Perlen geknüpft sind, bietet ein Bild des Jammers. Ich werde mich mit Dorrit Erbrecht-Spirenzi unterhalten, wenn sie sich erholt hat. Da klatscht der gewaltige Rücken eines Steinzeitriesen hinter Dorrit auf den Boden. Die Weidenhütte wabert wie eine große Seifenblase. Es dauert, bis sich der Gigant aus der Hocke erhebt und sich auf seine volle Größe streckt. Der nackte Mann wankt und dreht in meine Richtung. Seine Gesichtszüge sind in einem Ausdruck dumpf-glücklicher Blödigkeit zur Seite verschoben. King Kong lächelt. Plötzlich ändert sich sein Ausdruck. Seine Pupillen klappen nach hinten. Das Weiß seiner Augen leuchtet diabolisch. Er breitet seine Arme mit bierkastendicken Muskeln aus und stößt einen Wutschrei aus, der uns alle bis ins Mark erschüttert und die Vögel bis Bad Kreuznach aus den Bäumen aufschreckt. Vitali! Der Chef der Offenbacher Violation Maniacs! Der Rächer seines Bruders Wladimir. Das riecht nach Ärger. Könnte man sagen. Wenn es nicht so nach Schweiß stinken würde.

Der vom Wechsel ins helle Tageslicht blinde Vitali kann mich Gott sei Dank nicht sehen. Seine Sehwerkzeuge haben durch den Adiletten-Treffer und die Ladung Mainsand ohnehin gelitten.

Vorsichtshalber gehe ich hinter einer Quittendirektsaftbude in Deckung. Vor meiner Nase hängt ein Blatt mit dem Veranstaltungsprogramm der Hunsrück-Esoterik-Tage. Um Mitternacht findet heute der große schamanische Showdown mit Eon Tui Axa »nach dreitägigen Meditations- und Fastenübungen« statt. Angekündigt wird die Veranstaltung als »Das Squirrel-Totem. Die letzten Offenbarungen der Creek-Indios. Medium: Eon Tui Axa, Seher und Heiler. Ort: Rudolf-Steiner-Platz. Bitte mitbringen: bequeme Kleidung und Turnschläppchen. Infos unter www.eontuiaxa.de«.

Bis dahin ist noch reichlich Zeit. Zeit, die ich benötige, die Lage hier im Camp in Ruhe bei einer Camel ohne zu checken. Wie verschafft man sich am besten Überblick? Die Antwort unseres Frankfurter Lokalphilosophen Arthur Schopenhauer ist: Man klettert auf einen Berg. Ich glaube, noch ein, zwei Tage hier im Camp und ich kann selbst Kurse geben. Fünfhundert Meter weiter erhebt sich ein Hügel. Eine Kuhweide. Gleichmäßig rund leuchtet der Hügel in der Abendsonne. Ich erklimme die Hügelspitze und lasse mich oben ins tiefe Gras fallen. Meine Camel ohne glüht knisternd auf. Genussvoll ziehe ich beim Ausatmen den Rauch ein zweites Mal in Turbolader-Technik durch die Nasenlöcher ein. Ganz so, wie es unser Raucher-Schutzpatron Helmut Schmidt in den TV-Talkshows uns gelehrt hat. Diese ewig gleichen Talkshows gewinnen durch Schmidts Raucherei immerhin so viel Inhalt, dass man weitere Talkshows zum Thema »Darf man in Talkshows rauchen?« anschließen kann.

»Hier ist Nichtraucher«, meldet sich eine Stimme aus dem Off. Ein weiblicher Körper erhebt sich aus dem hohen Gras. Zwei schneeweiße Brüste schaukeln über den Wiesenkräutern. Spottend jeder Schwerkraft. Wie unabsichtlich streifen dabei ihre Spitzen die zarten Blütenblätter unseres heimischen Klatschmohns. Hell strahlt das Licht der Abendsonne durch eine rote, lockige Haarmähne, die ein sommersprossiges, schelmisches Gesicht umspielt. Es ist das Gesicht meiner Nachbarin aus dem Erweckungskurs mit dem Meister-Yedi.

»Oh, Entschuldigung. Ich wusste nicht, dass das hier der Nacktbade-Nichtraucher-Strand ist.«

»Du schaffst es wohl gar nicht, einen Moment zur Ruhe zu kommen?«

»Kann schon sein«, antworte ich und versuche ein wenig zur Ruhe zu kommen, indem ich einen guten Meter an der splitternackten Frau vorbei peile. Umsonst. Die wundervolle, weißhäutige Walküre wuchtet sich aus dem wadenhohen Wiesengras und steuert in ihrer überwältigenden Nacktheit auf mich zu. Komplementär kontrastierend zur quietschgrünen Almwiese leuchtet mir ihr Bermudadreieck feuerrot wie ein Vorfahrt-Gewähren-Schild entgegen.

»Ich heiße Gertrud«, informiert mich die nordische Amazone und lässt sich neben mir ins Gras sinken.

»Ich bin der Jürgen.«

»Gertrud und Jürgen. Blöder geht's nicht.«

»Da ist was dran.«

»Kannst du jetzt mal deine Kippe ausmachen?«

»Kein Problem.« Ich schnipse das Ding in die Botanik, lehne mich zurück ins Gras und schaue den Schäfchenwolken zu. Da verfinstert sich der Hunsrück-Himmel dunkelrot über mir. Ich ertrinke in Gertruds Löwenmähne. Ohne Vorwarnung hat sich die esoterische Walküre auf mich geschwungen und drückt ihre *Hirse* auf meinen *Dinkel.* Als Mann mit Lebenserfahrung kann ich ein solches Verhalten nur als unmissverständliche Aufforderung zu *Soja* werten. Schwer lasten ihre beiden, nach Wiesenheu duftenden *Hirse* auf mir.

»Gertrud!«, gelingt es mir gerade noch ihren Namen auszustoßen, um sie zu mehr Rücksichtnahme beim Umgang mit meinem *Tofu* zu bitten. Gertrud verschließt mir mit ihren Lippen den Mund. Mit einem Ruck platziert sie meinen *Dinkel* genau da hin, wo sich *Soja* und *Tofu* Gute Nacht sagen. Ihre rosa Knie graben sich tief in die Wiesenkräuter. Wie zwei weich aufgepumpte Basketballbälle peitschen mir ihre beiden *Hirse* um die Ohren. Ich versuche sie durch einen leichten Druck an ihrer Schulter zur Seite zu bewegen. Gertrud reagiert sanft und willig wie ein Lämmchen. Mit beiden Händen umgreife ich jetzt ihren mächtigen *Tofu* und *Dinkel* meine *Hirse,* so weit es nur geht, in ihre *Soja.* Sie stöhnt auf. Gertruds heftig ausgestoßener Atem entlaubt alle Blumen und Gräser zwanzig Meter vor ihr, sodass ich über sie hinweg wie in eine Mähdrescherschneise blicke. Alle Bienen, Hummeln und Mücken haben sich ängstlich in den Wald verdrückt. Das Letzte, was ich bewusst wahrnehme, sind die Erdreste, die an Gertruds Kinn kleben. Nachdem wir wieder zu uns gekommen sind, rollt sich Gertrud friedlich neben mir ab.

»Wie fühlst du dich?«, fragt sie.

»Ich fühle mich angekommen.«

»Das ist gut«, stellt Gertrud fest. Dann streift sie ihr handgebatiktes Eine-Welt-Kleid über, pfeift ein kleines Liedchen und pflückt aus den überlebenden Wiesenblumen einen bunten Strauß. Wir schlendern den Hang hinunter und genehmigen uns unten im Camp eine große Tasse Roibusch-Tee, den wir mit regionalem Waldhonig süßen.

# DOOM DAY IN BAD SOBERNHEIM

Es ist Nacht geworden im Camp. Meine amerikanische Timex-Armbanduhr zeigt exakt 23:19 Uhr. Ungefähr zweihundert Leute haben sich um ein Feuer aus Holzscheiten in einem weiten Kreis niedergelassen. Trommelklänge wummern über den Horst-Steiner-Festplatz. Ich ziehe mir mein vorletztes Binding Export.

Im Halbdunkel tritt eine Gestalt an mich heran. »Na, Mc Bride, wie läuft's?«

»Warum erzählst du mir nicht einfach, was du weißt, Marie? Dann könnten wir die ganze Chose hier abkürzen.«

»Das kannst du vergessen. Es ist schon genug, dass ich dir überhaupt den Tipp mit dem Camp gegeben habe. Mach was draus! In der Pampa rumvögeln reicht nicht.«

Woher weiß sie das schon wieder? Aber im Grunde hat sie recht. Ich sollte mich auf die Hauptverdächtigen konzentrieren. Eon Tui Axa wollte mich schließlich von der Dachkante springen lassen. Mit dem möglichen Motiv, meine Ermittlungen gegen ihn zu stoppen. Der blauäugige Vitali weiß mehr, als er mir gesagt hat. Aber er ist nur in Ketten ein angenehmer Gesprächspartner. Und Dorrit? Ihre Mitgliedschaft im Brahma Rescue Center könnte auch bloß auf einen überspannten Charakter hindeuten.

»Okay, kann sein«, antworte ich ins Leere. Marie ist längst in der blauschwarzen Nacht abgetaucht.

Der Sitzkreis um das Lagerfeuer füllt sich. Ich suche mir einen Platz in der zweiten Reihe, um den Auftritt von Reinhold Stussmann alias Eon Tui Axa aus der Distanz beobachten zu können. Als meine Camel aufflammt, dreht sich jemand vor mir um. Es ist Gertrud. Sie lächelt. »Sag mal, Gertrud, was geht heute Abend hier ab?«

»Das willst du sowieso nicht wissen. Aber – na schön: Heute Abend ist der Höhepunkt der Hunsrück-Esoterik-Tage. Der findet immer in der letzten Nacht mit einem Ehrengast statt. Diesmal mit dem Schamanen und Heiler Eon Tui Axa aus Frankfurt. Eon Tui Axa wird vor unseren Augen das Totem der alten Squeaky-Indios zum Leben erwecken. Eon hat die letzten zwei Tage mit acht Eichhörnchen in einem magischen Käfig verbracht. Der Geist des großen Eichhorns wohnt jetzt in seinem Körper. Durch Eons sehenden Arm wird das Totem auf einen Auserwählten in unserer Mitte deuten. Auf diesen Einen wird dann die Energie unserer ganzen Gemeinschaft und die Gnade von Mutter Erde niederkommen. Der Erleuchtete wird noch heute Nacht die vollkommene Glückseligkeit des Mir-ist-alles-Eins in sich spüren.«

Die letzten Sätze muss Gertrud wegen des Krachs, der jetzt über den Platz dröhnt, schreien. Der Lärm der Klingeln, Rasseln und Tröten scheppert uns in den Ohren. Flötentöne quietschen uns die Plomben aus den Zähnen. Holzscheite werden ins Feuer geworfen. Hoch tanzen die Funken in den Hunsrück-Himmel. Ein Licht blitzt mit einem Donnerschlag auf. Eine Rauchsäule bleibt in der Mitte des Platzes stehen. Der Musiklärm verstummt. Der Rauch verzieht sich. Am Feuer kauert regungslos ein Ding aus einer anderen Welt. Das Wesen stößt einen nicht menschlichen Schrei aus und fetzt auf allen vieren am Rand des Sitzkreises entlang. Es hält inne, erstarrt und wendet sich. Es ahmt die Bewegungen eines Eichhörnchens nach. Das Riesenhörnchen springt über den Boden und fixiert uns mit irrem Blick. Ein Helfer stellt jetzt eine Schale am Lagerfeuer ab. Aus dieser Schale schöpft das Wesen mit einer flachen Suppenkelle ein Pulver und zerstäubt es über dem Publikum. Systematisch, ohne einen Bereich auszulassen, segnet es die Gemeinde. Das Riesenhörnchen lässt einen mit Schellen geschmückten Holzstab wie einen Metalldetektor über unsere Köpfe kreisen. Als der Eichhörnchenmann mit seinem Stab in meine Nähe kommt, starrt er mich an und klackert dabei mit den Zähnen. Ich habe keine Lust, Reinhold Stussmanns peinliches Benehmen irgendwie zu erwidern. Stattdessen betrachte ich mir in Ruhe sein gewagtes Outfit. Gegen das sich mein schamanischer Dienstanzug vom Frankfurter Flohmarkt als recht einfallslos erweist. Eon Tui Axa hat sich einen braunroten Fellhelm aus den Eichhörnchenleibern seiner Käfiggenossen gekürschnert. Ein blutiger Lederriemen schnürt das Ganze unter seinem Hipster-Vollbart. In den Fellhelm, der bis zur Nasenspitze reicht, sind Augenlöcher geschnitten, die mit aufgenähten Muscheln weiß umringt sind. Von den beiden Fellohren scheint eines abgefallen zu sein. Ein Einohr-Eichhörnchen! Eons ganzer Körper ist mit einer roten Paste eingeschmiert. Ähnlich wie bei Ureinwohnern des Amazonas, die Lehm als Autan-Ersatz benutzen. Um seinen Hals trägt Eon eine Kette aus Rinderwirbelknochen, durch deren Rückenmarkskanäle eine Lederschnur gezogen ist. Sein Unterleibsumhang ist gleichfalls aus Tierfell, jedoch aus gröberem Material als das des Eichhörnchenfells seiner Mütze. Wildschweinfell vermutlich. Mit nach innen gewendeten Fellborsten. Die glatte Außenhaut ist mit Runen beschriftet und mit Eichhörnchenpfoten bestickt. Eons breite Füße sind unbeschuht. Um seine Fesseln sind Messingschellen schichtweise übereinandergebunden.

Eon erwacht aus seiner Starre und flitzt eichhörnchenmäßig zur Pulverschale an die Feuerstelle. Priesterlich zerstäubt er mit seiner Kelle erneut das Pulver über der Gemeinde. Auf seinen Wink setzt das Laienmusikorchester wieder ein. Die Trommeln tönen jetzt ruhig. Wie zu Ruderschlägen auf einem Galeerenboot.

Das Publikum klatscht den langsamen Takt begeistert mit und wiegt dazu die Oberkörper hin und her. Das Ganze erinnert mich an die letzte Übertragung der Fernseh-Narrensitzung von »Mainz bleibt Mainz, wie es singt und lacht«.

Meister Eon ist in bester Stimmung. Juchzend zeigt er ein ums andere Mal possierliche Sprünge im Eichhörnchenstil. Sein Zauberstab weist in meine Richtung. Er bedeutet den Leuten neben mir mit dem magischen Stecken, zur Seite zu rücken. Das Publikum folgt ihm erwartungsvoll. Gertrud lächelt mir etwas unsicher zu, als sie dem Meister Platz macht. Eon hat jetzt seine Gemeinde da, wo er sie haben will. Seine schamanische Performance, die Musik und das Rauschpulver, das er zerstäubt hat, haben die Gemeinde in eine ekstatische Stimmung versetzt. Erfreulicherweise erinnert sich Eon seiner menschlichen Bewegungsabläufe und stellt das tierische Gehüpfe ein. Er hebt die Schale mit dem Rauschpulver behutsam hoch und schreitet auf mich zu. Begeisterungsschreie gellen durch die Nacht. Offensichtlich nähern wir uns dem Höhepunkt der Zeremonie, bei der ich die Ehre habe, eine zentrale Rolle zu spielen. Mit ausgestreckten Armen trägt Eon die Schale vor sich her. Ich will aus dem Schneidersitz in die Hocke gehen, um abhauen zu können, sobald der Typ mir zu nahe kommt. Aber ich kann mich nicht vom Fleck rühren. Meine Beine sind ohne Gefühl – ich bin wie gelähmt. Ich versuche den Magier mit einem Harry-Potter-mäßigen Abwehrfluch aus Latein Sekundarstufe eins auf Abstand zu halten: »Vade retro!« Aber meine Stimme versagt. Eon ist keine zwei Meter von mir entfernt. Sollte ich diesem Unheilsbringer schon wieder wehrlos ausgeliefert sein? Auf der Suche nach irgendetwas, das ich als Waffe nutzen könnte, taste ich den Boden ab. Ich fühle etwas Hartes, Rundes. Die leere Flasche Binding Export. Ich versuche, sie Eon entgegenzuschleudern. Doch ich bringe nur ein kraftloses Rollen zu Stande. Die Bierpulle bleibt drei Schritte vor dem Magier liegen. Hilflos muss ich mit ansehen, wie Eon Tui Axa meinen gesunden Menschenverstand gleich mit einer Überdosis Rauschpulver auslöschen wird. Doch da geschieht das Wunderbare: Die große Schale, die Eon vor sich herträgt, verdeckt dem Hellsichtigen die Sicht auf den Boden. Der Magier tritt mit seinen Quadratlatschen auf die stabile Pfandflasche aus der Binding-Brauerei. Magic-Eon verliert das Gleichgewicht und steuert mit gummiweichen Bewegungen rückwärts seinem Fall entgegen. Dabei versucht er, die Schale waagerecht zu halten, um das Dope-Pulver nicht zu verschütten. Abermals latscht er nun auf die gottgesandte Binding-Export-Pulle. Diesmal mit der Ferse. Jetzt haut es ihm endgültig die Beine unter dem Arsch weg. Hunderte Kehlen stöhnen ein erschrockenes »Oh!«. In Zeitlupe dreht sich die Schale in der Luft. Eon reißt die Arme nach hinten, um seinen Fall abzustützen. Sein bemalter Hintern knallt hart auf den Rudolf-Steiner-Festplatz. Wobei der Blick auf die Zone zwischen Bauch und Oberschenkel frei wird. Die Jüngerinnen und Jünger raunen ein weiteres »Oh!« Die Schale mit dem Pulver vollführt eine saubere Hundertachtzig-Grad-Drehung und landet wie ein gewendeter Pfannkuchen auf Eons Eichhörnchenmaske. Das weiße Pulver verstopft ihm Mund und Nase.

»Oh! Oh!« und nochmals »Oh!«.

Stille kehrt ein auf dem Rudolf-Steiner-Platz. Hier und da nudelt noch eine einsame Flöte vor sich hin. Für Magic-Eon ist die Show auf jeden Fall zu Ende. Um den regungslosen Eichhörnchengott bildet sich eine murmelnde Menschentraube. Der Ordnungsdienst bahnt dem Sanitäter – es ist der Hals-Nasen-Ohren-Arzt aus Bielefeld aus dem Selbstfindungskurs – einen Weg zum bewusstlosen Meister. Eon wird auf einer Bahre abtransportiert. Das alles beobachte ich sitzend von meinem Platz aus. Ich schaffe es nicht, alleine aufzustehen. Mein Körper ist immer noch betäubt. Jemand hilft mir in der Dunkelheit auf die Beine.

»Marie! Du wusstest, was Eon mit mir vorhatte. Du wusstest, was hier ablaufen würde.«

»Ich wusste, dass ihr beide in Verbindung treten würdet. Mehr nicht.« Ehe ich wieder ganz bei mir bin, ist Marie verschwunden.

»Wo geht's denn hier zur Krankenstation?«, frage ich einen ostfriesischen Rasta-Man.

»Siehst du da drüben am Ende des Camps das grüne Licht brennen? Da ist es, Bruder.«

»Danke, Bruder.«

»Jo, Mann.«

Vor dem Sanitätszelt treffe ich den Zahnarzt. Er tippt einen Krankenbericht ins Laptop. »'n Abend. Ich wollte mal hören, wie es Eon geht.«

»Ach, du bist das«, erkennt mich mein Seminarkollege. »Gut. Dem geht's sogar besonders gut. Der ist ja nicht umsonst mit der Nase in den Schnee gefallen. Weiß der Geier, was er da alles in sein Pulver reingemixt hat. Es soll ja so eine Art Wahrheitsdroge sein. Jedenfalls ist er jetzt total zu und quatscht wie ein Buch. Sein Blutdruck ist etwas hoch, aber nichts Bedrohliches. Man muss ihn halt beobachten. Da fällt mir ein: Sag mal, bist du ein Freund von ihm?«

»Freund ist zu viel gesagt, eher ein Bekannter.«

»Na, egal. Du könntest dich hier nützlich machen. Ich brauche einen Freiwilligen, der den Patienten heute Nacht beobachtet und ein bisschen auf ihn aufpasst. So zugeknallt, wie der Mann ist, ist dem alles zuzutrauen. Vielleicht will er aufstehen und hier im Lager herumgeistern. Das muss man dann verhindern. Er ist vollkommen unzurechnungsfähig und wird das wohl auch noch ein paar Stunden bleiben. Und keine Angst, wir haben ihm seine Verkleidung ausgezogen und einen Schlafanzug angezogen. Sein Blick ist noch ein bisschen wirr, aber sonst ist er ganz friedlich. Irgendwie erinnert er mich an Cat Stevens, falls du den kennen solltest.«

»Kenn ich.«

»Das ist heute schon der zweite Patient, der die Begegnung mit seinem Ich nicht verkraftet hat.«

»Wer denn noch?«

»Hast du das nicht mitbekommen? So ein Riesenkerl aus dem Schwitzzelt. Ist total ausgerastet. Ein Zweimeter-Muskelpaket. Der hat alles kurz und klein gehauen, was sich ihm in den Weg gestellt hat. Dann ist er splitternackt in den Wald gerannt. Richtung Osten. Keiner hat sich getraut, ihn aufzuhalten.«

»Interessant.«

»Also du passt auf Eon auf?«

»Geht okay. Kann ich rauchen?«

»So viel du willst. Darauf kommt es bei der Menge an toxischem Material, das sich der Gute reingezogen hat, wirklich nicht mehr an. Du kannst gern mit ihm sprechen oder auch nur seinen Monologen zuhören. Trinken darf er nur Pfefferminztee, der neben dem Bett steht, essen besser gar nichts. Ich lass dir meine Handynummer hier. In fünf Stunden löse ich dich ab.«

In dem geräumigen Sanitätszelt stehen acht Feldbetten. Außer Eon sind keine weiteren Patienten auf der Station. Eon liegt steif wie ein Brett im Bett. Sein mit silbrigen Strähnen durchsetzter schwarzer Vollbart bauscht sich malerisch auf der Rot-Kreuz-Wolldecke.

Das Bild des liegenden Manns mit Rauschebart erinnert mich an ein altes Schwarz-Weiß-Foto des verstorbenen russischen Dichters Leo Tolstoi. Bloß, dass Tolstoi damals keinen Jersey-Schlafanzug aus der Aldi-Frühjahrskollektion getragen hat. Auch haben wir es hier mit keinem literarischen Genie wie Tolstoi oder mit einem musikalischen Könner wie Cat Stevens zu tun, sondern mit Reinhold Stussmann, einem prototypischen Schwätzer und Untergangsapostel aus dem frühen einundzwanzigsten Jahrhundert.

Eon bemerkt mich nicht, als ich an das Bett herantrete. Seine Lider flackern. Seine Hände tanzen auf der Wolldecke. Der mit der Nase in den Schnee gefallene Schamane brabbelt ohne Punkt und Komma vor sich hin. »Die verkapselte Information, im Räderwerk des Universums, der Wandel möge geschehen ... Oh große Mutter, biete uns Schutz! Die Kraft kommt aus dem Norden. Des Wolfes Stimme. Der Wolf reitet den Wurm, wehe, wehe ...«

Während einer Sendepause spreche ich den hoch dosierten Heiler an: »Sag mal, Reinhold, alter Schwede, mein lieber Scholli, da hast du dir ja ein schönes Eigentor geschossen.«

Der Magier unterbricht seine Weissagungen. Seine Pupillen rollen in doppelter Drehzahl. Weit blähen die Lungenflügel: »Weh, wehe, Weihe. Wer guotes Weibes Minne hat, do schamt sich aller Missetat. Mir, mutger Mittler mittsommernachtger Mären, was wehret Er der wogend Weisen?«

»Ich kann dir ehrlich gesagt nicht ganz folgen, Reinhold.« Ich zünde mir eine aktive Camel ohne an und blase ihm den Rauch des würzigen American Blends in sein zugekokstes Gesicht. Wie du mir, so ich dir. »Erinnerst du dich wenigstens an deinen richtigen Namen? Was? Reinhold! ... Stussmann!« Ich schreie dem Blödmann seinen Klarnamen ins Ohr. Das hilft. Seine Augen schließen sich und öffnen sich dann mit einem Schlag:

»Wir erkennen dich! Squirrilla Castañeda, heiliger Azteke, oh, wir erkennen dich! Eichhorn-Totem, du verbirgst dich nicht länger, du wagst es nicht! Dank, oh Dank! Du zeigst dich mir. Gebiete über mich, Meister Josef.«

Jetzt habe ich wohl die richtige Frequenz erwischt. »Ja, ganz richtig, ich bin's mal wieder. Hier spricht der Josef, dein großer Meister. Sag mal, Reinhold, wieso hast du mich neulich in deiner Wohnung angegriffen?«

»Wir greifen niemanden an. Wir ziehen wenige Auserwählte durch eine atmende Obergrenze. Hinein ins Licht der Erkenntnis.«

»Na gut. Meinetwegen. Ist auch egal. Dann mal von vorn: Wer hat die Zeichnung gestohlen?«

»Im Osten geht die Sonne auf. Aus ihr erwächst die Kraft. Zum Heile und zur Zerstörung, vereint in Brüderlichkeit.«

»Also wer jetzt?«

»Die beiden Brüder aus den Steppen der aufgehenden Sonne, genannt Wladimir und Vitali.«

»Und wer hat das Ganze geplant?«

»Wir hören dich nicht, Meister.«

»Wer hat den Diebstahl beauftragt?«

Der zugedröhnte Spiritualist antwortet mir nicht mehr. Seine behaarten Hände zucken auf der Bettdecke. Vielleicht war ich zu direkt. Ich versuche, auf andere Weise an ihn heranzukommen. »Eon Tui Axa, oh mächtiger Mittler, ich frage dich, auf wessen Weisung wart gewirket?«

»Die Erdlinge Reinhold Stussmann und Dorrit Erbrecht-Spirenzi gaben Weisung zum Frevel.«

»Zu welchem Frevel genau? Nur zum Diebstahl? Wer hat Johannes W. Körner erschossen?«

»Es fliegt der Reiher zum Fluss. Nicht um zu rasten, sondern um den Fisch zu fangen. Mit neuer Kraft erhebt er sich in die Luft, um das zu werden, was er ist. Irrt er deswegen?«

»Reinhold, geht's vielleicht mal ohne diesen Stuss, Mann? Wer hat Johannes W. Körner erschossen?«

»Oh Meister Squirrilla Castañeda, ewiges Eichhorn. Dunkle Schatten liegen über jenen Tagen … und …« Eon Tui Axa schließt die Augen und ist – drei, zwei, eins – eingeschlafen. Auch durch kräftiges Rütteln ist er nicht mehr wach zu bekommen. Er schnarcht, dass die Zeltstangen vibrieren. Das ist aber ganz okay so. Ich bin auch hundemüde und knalle mich auf eins der freien Betten.

Im Morgengrauen ist das Gezwitscher der Singvögel hier draußen in der Hunsrück-Pampa noch lauter als im Frankfurter Gutleutviertel. Die verdammten Biester piepsen sich die Seele aus dem Leib, als ob sie dafür bezahlt würden.

Reinhold Stussmann liegt auf seiner Rot-Kreuz-Pritsche und liefert mit seinem Schnarchen die fehlenden Bässe zu dem Gepiepe. Kurz vor dem Erstickungstod grunzt er in gleichmäßigen Abständen ein infernalisches Löwengebrüll in den zarten Morgen, das keinen Zweifel an seiner völligen gesundheitlichen Wiederherstellung aufkommen lässt. Der weise Magier schläft den Schlaf der Gerechten. An ein Weiterschlafen ist für mich nicht mehr zu denken. Eben steigt eine trübe Sonne über der »Höhe 100-60-90« auf, wie ich scherzhafterweise den runden Wiesenhügel einmal nennen will.

Der Morgen ist kühl. Die Wiese vor dem Zelt ist nass betaut. Die Secondhandklamotten vom Frankfurter Flohmarkt, in denen ich geschlafen habe, kleben auf der Haut. Ich habe genug von dem Eso-Camp. Aus dem nüchternen Eon Tui Axa werden keine brauchbaren Informationen mehr herauszuholen sein. Dem freilaufenden Maniac Vitali möchte ich ungern begegnen. Und Marie geht mir mit ihrem geheimnistuerischem Gehabe auf den Keks. Die Kunstvereinsvorsitzende Erbrecht-Spirenzi könnte mir vielleicht weiterhelfen. Falls sie nach der Schwitzzelt-Kur bereits vernehmungsfähig ist. Immerhin weiß ich jetzt definitiv, dass Dorrit und Eon die Auftraggeber des Diebstahls der Beuys-Zeichnung sind. Und dass Vitali und sein glückloser Bruder Wladimir die Auftragnehmer, oder besser, die Diebe sind. Aber wo, zum Eichhörnchen, ist jetzt die Zeichnung abgeblieben?

# WHAT IS AND WHAT SHOULD NEVER BE

Mein Opel freut sich nach zwei Tagen Herumstehen mächtig auf die Piste. Ich muss den Nachhause-Drang der Rüsselsheimer Beauty bremsen. In Schrittgeschwindigkeit schaukeln wir den Feldweg entlang, damit der Opel GT sich untenrum nicht wehtut. Später genießen wir auf irgendeiner Landstraße die Fahrt durch die Hunsrück-Pampa. Der Rauch meiner Camel ohne zieht aus dem offenen Fenster. Ich fummele am Radio, um den schwachen Empfang von Radio HR 3 in Rheinland-Pfalz zu justieren. Wie bestellt läuft ein Song unserer Lieblingsband Led Zeppelin. Einer der weniger bekannten Songs aus ihrem zweiten Album, dessen Titel mir entfallen ist. Autopilotmäßig schweben wir durch die Peripherie von Rheinland-Pfalz, der Heimat der Pfälzer Kartoffel und der stillgelegten Achterbahnen. Plötzlich geht der GT hart in die Eisen. Die Camel flutscht mir aus der Hand.

Ein Mensch liegt mitten auf der Fahrbahn. Die lebensmüde Gestalt klappt ihre ausgebreiteten Arme nach oben, um sie auf den Asphalt zurückklatschen zu lassen. Wie ein Kind, das im Winter eine Engelsfigur in dem Schnee formt. Wir stoppen und schalten den Warnblinker an. Ich laufe zu dem Asphaltengel hinüber. Dorrit Erbrecht-Spirenzi scheint die Schwitzzelt-Kur nicht gut verarbeitet zu haben. Die verwirrte Frau lässt sich mit leichter Hand von der Landstraße pflücken und ins Auto setzen. Der Geruch, den ihre verschwitzte Leinenkutte ausströmt, raubt uns den Atem. Ich zünde mir eine frische Camel ohne an und lege eine weitere angezündet als Luftreiniger in den Aschenbecher. Dorrit schaut eine Zeit lang in den Rauch der Zigarette, greift sich dann die Kippe und gönnt sich einen Zug. Sie stößt den Rauch aus und dreht sich zu mir: »Opel GT. Schönes Auto.«

Welcome back to earth, Dorrit. »Na, Dorrit, wie geht's?«

»Könnt nicht besser klagen, Jürgen. Echt nicht!« Dorrit kriegt sich nicht mehr ein. Ihr hysterisches Lachen mündet in einen Hustenanfall. »Und dir so? Was macht die Kunst, McBride?«, hustet sie sich aus.

»Erzähl mir doch mal was über die Beuys-Zeichnung.«

»Das Eichhörnchen-Mantra? Damit kann jemand wie du sowieso nichts anfangen. Die Zeichnung spricht nicht zu jedem. Nur zu denen, die rechten Sinnes, äh, ich meine, die linken Sinnes … ah … fuck! Du weißt schon, was ich meine.«

»Wer besitzt die Zeichnung jetzt?«

Dorrit beantwortet die Frage mit einer Gegenfrage. »Oh mein Gott! Wenn ich das wüsste. Was wäre, wenn sie für immer verschwunden wäre? Unvorstellbar.«

»Warum sind alle hinter dieser Zeichnung her?«

»Weil die Zeichnung das mächtigste Werkzeug ist, das du als Künstler besitzen kannst, McBride.«

»Was soll das heißen?«

»Mit der Zeichnung geht die Kraft des größten Künstlers aller Zeiten auf den Besitzer über. Der Talisman unseres Meisters Joseph führt uns alle zum Licht der Wahrheit. In eine neue Zeit. Das ist unser Traum. Das ist mein Traum! Die Beuys-Zeichnung gehört mir und niemand anderem. Ich verdiene sie«, schreit Dorrit und drischt mit beiden Fäusten auf das Armaturenbrett des Opel GT. Sie versucht die Wagentür zu öffnen, um sich auf die Bundesstraße zu stürzen. Die Beifahrertür ist blockiert. Auf den Opel ist Verlass.

»Dorrit, bitte beruhigen Sie sich.«

»Dorrit, bitte beruhigen Sie sich«, äfft mich die Vereinsvorsitzende nach.

»Dorrit, hast du etwas mit dem Tod von Johannes W. Körner zu tun?«

»Johannes hat den Pfad der Wahrheit verlassen. Er hat seine irdische Existenz verwirkt.«

»Wie das?«

»Es ging ihm nie um die Kunst, es ging ihm nur um Geld. Dieser Cretin wollte mich erpressen.«

»Sie haben ihn erschossen?«

»Das habe ich auch für ihn getan. Ich habe sein drittes Auge geöffnet. Ich habe ihn für immer auf die Seite des Lichts gezogen.«

»Womit wollte er Sie erpressen?«

Statt zu antworten, öffnet Dorrit ihren Mund und fabriziert mit ihren dritten Zähnen das gleiche klackernde Geräusch, das der falsche Prophet Reinhold Stussmann letzte Nacht bei seiner Eichhörnchen-Show hat hören lassen.

Dorrit legt ihre Kippe in den Aschenbecher zurück. Ebenso ansatzlos, wie Dorrit nach der Camel in einen Wachzustand gelangt ist, sackt sie in sich zusammen. Die restliche Fahrt nach Frankfurt ins Polizeipräsidium glotzt Dorrit stumm durch die Beifahrertürscheibe in die strukturschwache Rheinland-Pfalz.

Auf dem Polizeirevier an der Frankfurter Adickesallee melde ich im Büro von Hauptkommissar Odecker an. In der gläsernen Eingangshalle des Präsidiums setzen Dorrit und ich uns nebeneinander auf eine Bank und warten. Die psychischen Anstrengungen des Schwitzzelt-Seminars zeigen jetzt ihre volle Wirkung. Dorrit wimmert vor sich hin. Ich bin auch nicht mehr der Fitteste und gönne mir auf der Wartebank ein Nickerchen. Plötzlich reißen mich zwei Hände am Jackenkragen hoch. Bevor ich im Halbschlaf checke, was los ist, dreht mir jemand den Arm auf den Rücken.

»Was haben Sie mit der Frau gemacht, McBride?« Ohne auf eine Antwort zu warten, rammt mir die Kommissarin im Kapuzennicki, die ich aus dem Verhör von vor zwei Wochen kenne, ihren Ellenbogen ins Genick und schließt mich mit Handschellen an die Stahllehne der Sitzbank. Dann hilft sie Dorrit auf die Beine. »Kommen Sie bitte mit mir. Was hat der Kerl Ihnen angetan? Möchten Sie einen Kaffee?« Dorrit schaut weinerlich aus ihrer Wäsche und begreift gar nichts. Die Kommissarin führt sie weg. »Zu Ihnen komme ich noch, McBride!«, droht mir die Ordnungshüterin. Es dauert lange, bis sie sich an ihr Versprechen erinnert. Nach einer guten Stunde schlendert die Kommissarin durch die Halle und schließt meine Handschellen auf.

»Okay, Mann. Hauen Sie ab. Ich habe die Frau verhört. Sie hat den Mord an Johannes W. Körner gestanden.«

»Glückwunsch.«

»Sparen Sie sich das, McBride. Wo haben Sie Frau Erbrecht-Spirenzi aufgefunden?«

»Beim Spazierenfahren im Hunsrück.«

»Halten Sie sich zu meiner Verfügung. Sie dürfen Frankfurt nicht verlassen, verstanden?«

»Ja. Vielen Dank für Ihre Hilfe.«

»Was soll das jetzt, Mann?«

Ab hier lasse ich die Kommissarin mit ihren Problemen allein. Zu Hause im Loft der Gummistiefelfabrik dusche ich mir die zwei Tage Erweckungsstress vom Leib. Mit einem frischen Binding-Export knalle ich mich vor die Glotze. Sonntagabend ist »Tatort«-Zeit. Noch vor der Obduktionsszene bin ich auf der Couch eingeschlafen.

Montag um acht Uhr steuern mein Opel und ich Kurs hart Nordnordost. Nach Bad Homburg. In der Gegenrichtung stauen sich fünfspurig die schwarzen Kombis und SUVs der Schlipsträger aus den Vorstädten, die in die Frankfurter City unterwegs sind. Bürohengste mit Bluthochdruck drängeln und flippern mit der Lichthupe, damit sie pünktlich an den Laptops ihrer Banken und Versicherungen sitzen dürfen.

Da fühlt es sich verdammt gut an, als freier Mensch und Maschine auf der Autobahn entlangzupreschen. Heiß pumpt der Lebenssaft durch unsere Adern und Benzinleitungen. Das ist es, was wir Streetfighter vom Opel-GT-Team brauchen, um uns lebendig zu fühlen. Das Gaspedal durchgedrückt und die Neun-Millimeter-Kanone im geöffneten Handschuhfach. Immer mitten rein ins Auge des Tornados. Hasta la vista, Baby! Heutzutage gibt es nur noch verdammt wenige, die sich dem Verbrechen so knallhart entgegenstellen wie mein Opel GT und ich. Wir beide wissen: Darauf verlassen sich die Menschen in unserer Republik. Mögen auch Unverständnis, unbezahlter Urlaub und ein undankbares Feuilleton unser Lohn sein.

Das Portal der Firmenvilla des IAC steht offen. Ich erwarte Marie-Claire Gascoigne in der Empfangshalle an ihrem Rokoko-Schreibtisch unter dem Anselm-Kiefer-Gemälde sitzen zu sehen. Aber die Halle ist leer.

»Hallo, ist jemand da?«

Aus einer Seitentür klackert Fredo Friedelstein in die Halle. Er tupft sich mit einer Stoffserviette Frühstücksei aus dem Mundwinkel. Kaviar-Ei. »McBride? Was führt Sie denn hierher? Guten Morgen.«

»Morgen, Friedelstein. Bestimmt haben Sie schon gehört, dass Frau Spirenzi die Mörderin Ihres Chefs Johannes W. Körner ist.«

»Ist mir bekannt. Sind Sie deswegen hier rausgekommen? Das hätten Sie sich schenken können. Übrigens ist Körner genau genommen nicht mein Chef – gewesen. Ich bin sein Rechtsbeistand – gewesen. Trotzdem, meinetwegen, das ist natürlich, nun ja … ein Stück weit bedauerlich – wenn Sie so wollen.«

»Ist Ellen da?«

»Frau von Unschwer hat einen Termin auf der Art Basel. Kann man Ihnen irgendwie weiterhelfen? Sonst würde ich mich gern wieder meinem Frühstück widmen.«

»Hören Sie, Friedelstein, ist es nicht auch in Ihrem Interesse, dass dieser Fall aufgeklärt wird?«

»Keine Frage, das ist in meinem beziehungsweise im Interesse unserer Agentur. Die Affäre ist dem IAC als Unternehmen nicht wirklich förderlich. Insofern ist das für mich als Betreuer meines wichtigsten Mandanten nicht ohne Bedeutung.«

»Was halten Sie davon, wenn Sie Ihr Getue ablegen und wir zusammenarbeiten?«

»Was meinen Sie mit Getue? Äh, also gut. Warum nicht.«

»Würden Sie mir jetzt ein paar Fragen beantworten? Bitte erinnern Sie sich so genau wie möglich.«

»Schön, schön. Fangen Sie an.«

»Wann haben Sie im IAC zum ersten Mal vom Raub der Beuys-Zeichnung erfahren?«

»Ich persönlich am Freitagmorgen. Die Zeichnung sollte am Donnerstag nach unserer Expertise durch ein Kurierfahrzeug zur Commerzbank zurückgeschickt werden.«

»Wer versendet üblicherweise die Kunstwerke?«

»Das ist die Aufgabe unserer Concierge Frau Gascoigne.«

»Und die hat die Zeichnung abgeschickt?«

»Ja, nachweislich, in meinem Beisein, am Donnerstag gegen sechzehn Uhr dreißig. Aber die Zeichnung hat die Frankfurter Commerzbank nie erreicht, wie Sie wissen. Der Transport war natürlich geheim. Aber es sickert ja immer etwas durch, die Fahrer telefonieren mit ihren Angehörigen, whatever.«

»Gibt es Kamera-Aufzeichnungen vom Tag des Transports?«

»Absolut. Wir speichern über einen Zeitraum von vier Wochen die Aufzeichnungen von dem Eingangsbereich. Aber die Zeichnung ist ja nicht bei uns im Haus gestohlen worden.«

»Können wir uns die Aufzeichnungen trotzdem mal anschauen?«

»Absolut. Ich habe den schwarzen Gurt in Multimedia«, wagt Rechtsanwalt Dr. Friedelstein einen Scherz.

Wir spulen die Aufzeichnungen bis zum Nachmittag des fraglichen Donnerstag, des achtzehnten Juli 2013, zurück.

Der Transporter der Security-Firma fährt um 16:43 Uhr auf den Parkplatz des IAC vor. Der Fahrer nimmt die Zeichnung von Frau Gascoigne in einer Mappe entgegen. Um neunzehn Uhr haben alle Mitarbeiter bis auf Ellen und Marie-Claire das Gebäude des IAC verlassen. Um 19:54 Uhr hält ein Pizzabote mit einem Motorroller vor dem Eingang. Der Mann behält seinen Helm auf und tritt mit einer Pizza-Schachtel an die Eingangstür. Als er in der Eingangstür steht, fällt auf, dass der Pizzabote ungewöhnlich groß ist. Der Pizza-Riese übergibt Marie-Claire die Pizza, steigt auf den Motorroller und rauscht wieder ab. Um 20:09 Uhr stoppt ein älterer 190er-Mercedes. Auf der Beifahrerseite steigt eine Frau mit Kopftuch aus, kramt aus ihrer Schürze eine Chipkarte und öffnet die Eingangstür. Zweimal wird die Putzfrau während der nächsten neunzig Minuten im weitläufigen Gebäude sichtbar, als sie die Mülltüten in die Container auf dem Grundstücksgelände leert. Um 21:40 Uhr schließt die Putzfrau die Eingangstür von außen und steigt in den Mercedes, der gerade vorgefahren ist. Um 21:54 Uhr verabschiedet sich Ellen von Unschwer von Marie-Claire Gascoigne und verlässt das Haus. Kurz darauf ist auf dem Bildschirm zu sehen, wie Marie-Claire in dem Gebäude umherstreift. Offensichtlich sucht sie etwas. Sie telefoniert. Um 23:37 Uhr verlässt sie das Haus. Sie zündet sich auf dem Parkplatz eine Zigarette an und wirft sie nach einem Zug auf den Boden. Dann fährt sie in ihrem Mini-Cabrio ab.

»Bleibt Frau Gascoigne öfters so lange im Büro?«

»Das kommt schon vor. Sie arbeitet ja nicht nur als Empfangsdame. Sie koordiniert auch Termine und bereitet Kundenbesuche vor.«

»Und macht Ellen von Unschwer normalerweise so spät Feierabend? Ich meine, 21:54 Uhr, das ist selbst für eine Geschäftsführerin ein ziemlich später Dienstschluss.«

»McBride, was wir hier machen, ist ja kein Dienst, den wir nach Stunden abrechnen. So wie Sie das vielleicht von Ihren Gelegenheitsjobs kennen.«

»Wir wollten doch mit dem Quatsch aufhören.«

»Äh, was … ja, in Ordnung! – Nein, in der Tat, das ist eher ungewöhnlich. Ellen ist eine ausgesprochene Frühaufsteherin. Entsprechend früh geht sie abends nach Hause. Ihr Tag beginnt um fünf Uhr dreißig mit Yoga. Um kurz nach sieben ist sie dann im Büro. Nach etwa zwölf Stunden, also um neunzehn Uhr verlässt sie in der Regel das Haus. Es sei denn, wir haben eine interne Besprechung. Oder ein Kunde hat nur einen Abendtermin frei. Aber das war, wie Sie hier in der Agenda sehen, nicht der Fall.«

»Danke, Herr Friedelstein, wir hören voneinander!«

»Wie ist eigentlich Ihr Ermittlungsstand, McBride? Darf ich Ihnen ein Löffelchen Beluga anbieten?«

Vom Auto aus rufe ich meine Auftraggeberin an. Der

Anrufbeantworter ist bereits angesprungen, als Ellen abnimmt.

»Unschwer.«

»Hallo, Ellen, schön, dass ich dich erreiche.«

»Hm.«

»Wie geht's dir?«

»Was hast du über die Zeichnung rausgefunden?«

»Über die Zeichnung noch nichts Konkretes. Bis jetzt bloß eine Vermutung. Dass Dorrit Erbrecht-Spirenzi deinen Partner getötet hat, weißt du, oder?«

»Ja, das weiß ich. Diese kranke Kuh!«

»Sag mal, Ellen, ich würde dich gern einiges zu dem Donnerstagabend fragen. Als die Zeichnung vom IAC verschickt wurde.«

»Mach«, presst Ellen durch die Zähne.

»Wie lange warst du an diesem Abend im Büro?«

»Ziemlich lange, so bis um zehn Uhr.«

»Warum so lange?«

»Ich habe Termine für die Art Basel vorbereitet.«

»Wer war außer dir noch im Büro?«

»Marie-Claire. Sie war auch noch da, als ich gegangen bin.«

»Sonst niemand, auch nicht die Putzfrau?«

»Nein, die kommt immer montags, mittwochs und freitags.«

»Hat sie einen eigenen Schlüssel?«

»Ja, hat sie.«

»Sie könnte also am Donnerstag ins IAC gekommen sein, ohne dass du sie bemerkt hättest?«

»Unwahrscheinlich. Marie und ich waren ja da und hätten sie sehen müssen. Aber möglich ist das schon. Das Gebäude ist groß genug. Und sie putzt auch nicht jeden Tag alle Räume. Vielleicht haben wir nicht auf sie geachtet.«

»Hat dich an diesem Abend Marie-Claire nach einer Pizzaschachtel gefragt?«

»Das stimmt! Wie kommst du denn da drauf? Sie war ganz aufgeregt wegen der blöden Pizza.«

»Hat Marie-Claire heute Urlaub?«

»Urlaub hat sie nicht. Sie hat sich krankgemeldet. Sie hat gesagt, sie ist campen gewesen und hätte eine Erkältung. Morgen ist sie wieder im Büro.«

»Sie ist also jetzt zu Hause?«

»Das nehme ich doch mal an.«

»Okay, ich werde sie da besuchen. Bitte sage ihr nicht, dass ich zu ihr komme.«

»Jürgen, worauf läuft das alles hinaus? Immerhin bezahle ich dich, damit du den Diebstahl aufklärst. Von Aufklärung kann bisher keine Rede sein. Erbrecht-Spirenzi hat den Mord an Johannes auf dem Kommissariat gestanden. Dazu hat es dich nicht gebraucht. Du hast eine Menge Staub aufgewirbelt. Das ist aber auch schon alles. Du hast … ach, vergiss es!«

»Gibt mir noch einen Tag, chérie, dann ist der Diebstahl der Zeichnung aufgeklärt.«

»Soll das heißen, du kannst die Beuys-Zeichnung wiederbeschaffen?«

»Na ja, das vielleicht nicht, aber ich kann dir sagen,

wo sie hingekommen ist, chérie. Und beweisen, dass du mit dem Verschwinden nichts zu tun hast.«

»Nenn mich bitte nicht ›chérie‹. Falls du's nicht weißt: Yves Ney ist ein guter Freund von mir. Er hat mir erzählt, was du und seine Schwester in dem Gästehaus veranstaltet habt. Yves findet die Sache mit dem Feueralarm auch noch witzig.«

»Tut mir leid, chérie. Aber bitte glaube mir, das ist alles ganz anders gewesen, als es vielleicht aussieht. Ich wollte Josi, äh, Frau Ney bloß …«

»Hör auf, Jürgen! Wenn du bis morgen Abend kein konkretes Ergebnis wegen des Diebstahls hast, entziehe ich dir den Auftrag.«

Draußen auf dem Parkplatz spreche ich mit meinem Opel das weitere Vorgehen durch. Viele Fehlzündungen können wir beide uns nicht mehr erlauben. Erst als ich in allen Punkten von meinem Opel ein »Einverstanden« erhalten habe, drehe ich den Zündschlüssel um. Satt röhrt die bärenstarke Neunzehnhundert-Kubik-Maschine auf. Als ich auf das Gaspedal trete und sich die Vergaserklappen öffnen, um das legendäre Opel-GT-Lied in der Stratosphäre erklingen zu lassen, gibt es für uns kein Halten mehr. Mit durchdrehenden Reifen schlingern wir durch die verkehrsberuhigte Straße und brennen den heißen Abrieb von Pneus als Abschiedsgruß in das trostlose T-Knochen-Pflaster eines durch Bodenschweller und Blumenkübel narkotisierten Vorstadtszenarios. Und tschüss!

# DULUDA DELUXE. FÜNFLAGIG

Es ist Mittagszeit und die Schweizer Straße in Sachsenhausen ist brechend voll. Vor Marie-Claires Wohnung über der Douglas-Filiale ist kein Parkplatz zu finden. Als ich auf Maries Haustürklingel Beethovens Fünfte spielen will, wird die Haustür von innen aufgezogen. Vor mir steht Eon Tui Axa. Eine Hundertstelsekunde lang entgleiten seine Gesichtszüge. Aber sofort gewinnt der schizoide Schamane seine Fassung zurück und zeigt sein menschenfreundliches Lächeln. Der Man- und Womanizer greift mich sanft am Ellenbogen. »Jürgen! Es tut so gut, dich zu sehen!«, lügt mir Eon Tui Axa mit der scheinerfreuten Stimme eines SWR-3-Radiosprechers ins Gesicht. Er schnauft durch die Nase. »Sind wir nicht gerade unseren Feinden am nächsten?« Reinhold Stussmann sucht Augenkontakt und setzt einen Lausbubenblick auf. Er erwartet, dass ich zustimme. »Ist es nicht so, Jürgen?« Reinhold Stussmann wiegt seinen

Kopf. »Mein Gott, Jürgen, was könnten wir zusammen alles erreichen.« Er greift nach meinem Oberarm und zieht mich einige Millimeter zu sich heran. »Sei jetzt ganz ehrlich mit dir selbst, Jürgen.«

War ich an irgendeiner Stelle unehrlich? Von was redet der Typ? Wortlos will ich mich an dem scheinheiligen Schönredner vorbeidrängen.

Eon stellt sich mir in den Weg. »Du willst zu Marie?«

»Was geht's dich an?«

»Ich war gerade bei ihr. Sie hat einen schweren Gang vor sich. Den Weg, den wir alle von Zeit zu Zeit gehen müssen. Um zu dem zu werden, was wir sind. Ich begleite sie und versuche ihr die Richtung zu weisen. Ihre Anima ist gerade äußerst verletzlich. Jede seelische Erschütterung kann nicht wiedergutzumachende Folgen haben. Denn siehe, Jürgen: Sie ist die Schlange, die sich häutet.«

»Soso.«

»Jürgen, mein Freund, du hast ein großes Herz. Gönne Marie den Schutz, den sie jetzt braucht.«

»Ich bin nicht dein Freund, du Lappen!«

Reinholds Augen werden kleiner. »Du willst den Raub der Beuys-Zeichnung aufklären? Sehr, sehr gerne. Ich kann dir alle Fragen beantworten. Lass uns zusammen drüben im Filmmuseum einen Mate-Tee trinken.«

Ich mag keinen Mate-Tee. Nicht nur deshalb schiebe ich den Quatschkopf einfach beiseite. Die Tür zu Marie-Claire Gascoignes Wohnung ist wie bei meinem letzten Besuch nur angelehnt. Ich klopfe, warte und klopfe noch mal. Keine Antwort. Ich trete ein. Marie-Claire liegt mit dem Gesicht nach unten auf dem Boden. Sie ist bis auf den Federkopfschmuck, den sie auch bei meinem letzten Besuch getragen hat, nackt. Ich möchte die Hohepriesterin des Brahma Rescue Centers nicht erschrecken und räuspere mich. Marie rührt sich nicht. Ich tippe ihr auf die Schulter. Nichts. Ist sie überhaupt bei Bewusstsein? Ich drehe sie vorsichtig um. Blut läuft ihr aus der Nase. Die Augenbrauen sind geschwollen, ihre Lippe ist aufgeplatzt. Sie rührt sich nicht.

»Marie, hörst du mich?«

Marie kommt zu sich. »Mc…Bride … was machst du hier?«, stöhnt sie.

»Ich rufe einen Krankenwagen.«

»Nein.«

Marie versucht ihren Oberkörper aufzurichten.

»Bleib liegen, Marie, ich rufe dir jetzt einen Krankenwagen.«

»Nein, McBride!«, schreit sie mich an. Schön, dann eben keinen Arzt. Ich greife ihr unter die Arme, um ihr beim Aufstehen zu helfen. Marie verpasst mir eine Ohrfeige. »Finger weg, McBride!«

Okay, bewusstlos ist sie jedenfalls nicht mehr. »Setz dich. Ich will dir was erzählen. Nimm dir was zu trinken.« Marie verschwindet für eine Viertelstunde im Badezimmer. Mit reichlich Make-up, einer fetten Sonnenbrille und einem Kühlpad für die Oberlippe kehrt sie zurück. So ähnlich sah ich sie zum ersten Mal im

IAC in Bad Homburg. Vielleicht mit ein paar Blessuren weniger.

Marie lässt sich auf die Couch fallen. »Das Schwein!«

»Welches?«

»Na, Eon natürlich! Und die andere *Tofu!*«

»Welche *Tofu?* Meinst du Erbrecht-Spirenzi?«

»Wen sonst? Wenn ich den Namen ›Erbrecht‹ höre, könnte ich kotzen!«

»Hat Eon dich so zugerichtet?«

»Ja.«

»Und du willst nicht die Polizei rufen?«

»Nein. Das wäre ungünstig.«

»Wieso?«

Marie antwortet nicht.

»Marie, wer hatte die Idee, die Beuys-Zeichnung zu stehlen?«

»Das hatten Eon und Dorrit geplant.«

»Woher wussten die beiden von der Zeichnung?«

»Von mir. Ich habe Eon davon im Brahma Rescue Center erzählt. Von unserem Auftrag im IAC zur Expertise des Beuys-Mantras Nummer eins. Eon und ich, wir haben eigentlich keine Geheimnisse voreinander. Wir schwingen gleich, verstehst du? Jedenfalls war das mal so. Aber seit diese Beuys-Zeichnung aufgetaucht ist, hat er sich verändert. Er war total fixiert auf das Ding. Er ist dann plötzlich so, so … gewalttätig geworden.«

»Wollten Eon und Dorrit die Zeichnung verkaufen?«

»Darum ging es überhaupt nicht. Da kennst du Eon schlecht. Und Erbrecht-Spirenzi hat eh genug Kohle. Geerbtes Geld, mit dem sie sich jetzt als Wohltäterin in der Frankfurter Kunstszene aufspielt.«

»Und Eon?«

»Er wollte die Beuys-Zeichnung, das Mantra. Wer das Beuys-Mantra Nummer eins besitzt, ist der Auserwählte. Als Hüter der Achtsamkeit schreitet er der Menschheit voran. Nach der Offenbarung des heiligen Eichhorns führt er alle Menschen zurück zu Mutter Natur. Das ganze Ersatzleben, dem wir heutzutage ausgeliefert sind, der Autowahnsinn, der Fast-Food-Terror und die Internet-Diktatur wird der Vergangenheit angehören. – Wenn die Zeichnung an den rechtmäßig Auserwählten gelangt.«

»Das wird bestimmt alles sehr schön. Also hat Eon den Raub beauftragt?«

»Genau genommen ist er es gar nicht gewesen.«

»Das heißt?«

»Eon hat mir die Handynummern der beiden Russen gegeben. Ich sollte die Brüder anrufen und ihnen Abfahrtszeit und die Fahrtroute durchgeben.«

»Wohin sollten die Russen die gestohlene Zeichnung bringen?«

»Zurück zu mir ins Büro. Als Pizzalieferung getarnt. Der Plan war genial. Niemand würde auf die Idee kommen, die Zeichnung hier im Haus zu suchen. Abends im Büro ist mir ein Licht aufgegangen, warum die Zeichnung ausgerechnet wieder hier bei mir abgeliefert werden sollte. Wenn irgendetwas herausgekommen wäre, wäre ich ja die allein Schuldige. Ich bin bei dem Raub sozusagen Auftraggeber und Empfänger in einem gewesen. Eon und Dorrit hätte man nichts nachweisen können. Es gab nichts Schriftliches, keine Beweise für den Auftrag an mich. Die haben mich mit fünftausend Euro abspeisen wollen. Aber nach der Pizzalieferung war *ich* im Besitz der Zeichnung. Mit dem Schutz des Mantras konnte mir nicht viel passieren. Da habe ich beschlossen, den Beuys erst mal zu behalten.«

»Und plötzlich ist die Zeichnung weg gewesen. Dem Dieb gestohlen sozusagen.«

»Ja genau! Ich habe gedacht, ich schnappe über. Ich habe die verdammte Pizzaschachtel wie eine Irre im ganzen IAC gesucht. Ich durfte die Sucherei auch nicht übertreiben. Ellen ist ja immer noch im Büro gewesen. Ausgerechnet an diesem Donnerstagabend ist die *Hirse* länger geblieben. Ich habe das ganze Büro auf den Kopf gestellt. Ich habe erzählt, ich bereite die Inventur vor. Die Pizzaschachtel war aber nicht mehr aufzufinden. Ich brauchte für Eon und Dorrit schnellstens eine Erklärung, wo die Zeichnung abgeblieben ist. Ich wollte Zeit gewinnen. Also habe ich bei Google ›Frankfurt Detektiv‹ eingegeben und die erstbeste Adresse ausgewählt. Das warst dann du, McBride. Später hat Eon mich angerufen. Ich sollte ihm die Zeichnung bringen. Ich habe ihm erzählt, dass ich die Zeichnung wegen Ellen nicht im Büro hatte behalten können und dass ich sie dir anvertraut habe. Ich habe dich als alten Freund von mir beschrieben und irgendwas von negativen Strömungen erzählt. Ich habe Angst gehabt, die Zeichnung bei mir zu behalten, weil mir die Gnade des Auserwähltseins nicht zustünde und so weiter … Eon hat gesagt: ›Ich hoffe für uns beide, dass diese Geschichte stimmt. Du bringst jetzt die Zeichnung von deinem Freund hierher.‹ Das konnte ich ja schlecht selbst tun. Also habe ich die beiden Russen angerufen und zu dir geschickt. Als Ablenkungsmanöver sozusagen.«

»Obwohl du wusstest, dass bei mir nichts zu finden sein würde, hast du mir die zwei Irren auf den Hals gehetzt?«

»Na ja, ich dachte, ein Privatdetektiv wird sich schon zu helfen wissen. Im Fernsehen geht so was doch auch immer glatt.«

»Oh Mann!«

»Tja, sorry, da habe ich dich ja auch noch nicht gekannt. Immerhin hat Ellen dich freitags dann auf meinen Vorschlag mit der Suche nach der Zeichnung beauftragt.«

»Eon und seine Russen haben die ganze Zeit gedacht, ich hätte die Zeichnung?«

»Das nehme ich mal an.«

»Was war Johannes W. Körners Rolle?«

»Na ja, also Johannes und ich, wir beide waren mal zusammen. Sozusagen. Johannes hat immer unter Ellens Dominanz gelitten. Ellen gibt einem immer das Gefühl, die Nummer zwei zu sein, egal ob bei einem Geschäftstermin oder an der Bäckertheke. Ich habe

Johannes am Freitag alles über den Beuys-Raub und die vermisste Pizzaschachtel erzählt. Johannes war sofort davon überzeugt, dass Dorrit und Eon mich ablinken wollten. Sie hätten die Beuys-Zeichnung selbst aus dem IAC gestohlen, meinte er. Um mir dann den Raub komplett in die Schuhe schieben zu können. Johannes sagte, er würde Dorrit dafür ›am Arsch kriegen‹. Er hat sich für Samstagmorgen mit ihr am Eisernen Steg verabredet. Ich sollte ihn ›mal machen lassen‹. Wenn alles glattginge, hätten wir genug Geld, um auf Ibiza ein Restaurant aufzumachen. Das mit dem Restaurant war so ein Spleen von ihm. Am Samstag lag ich frühmorgens wach im Bett und wusste plötzlich, dass die Sache kein gutes Ende nehmen würde. Johannes ist nicht der Typ, so einer toughe Tussi wie Dorrit die Pistole auf die Brust zu setzen. Ich habe mich angezogen und bin zum Eisernen Steg gefahren. Da saß Johannes in der Morgensonne auf einer Bank. Als ob er vor sich hin träume. Er hat sogar ein bisschen gelächelt. Mit einem Loch im Kopf. Die Pistole lag auf dem Boden vor der Bank. Ich habe sie eingesteckt. Ich weiß nicht genau warum. Ich wollte das ungeschehen machen. Die Pistole habe ich später in deinen Briefkasten geworfen. Entsorgt sozusagen. Ich wusste nicht, wohin mit dem Ding. Das ist alles.«

»Schön, Marie. Mein Job ist es, die Zeichnung zu finden und meine Auftraggeberin zu entlasten. Nicht, dich hinter Gittern zu bringen. Soll ich dir nicht doch besser einen Arzt rufen?«

»Hau schon ab, McBride.«

»Mach's gut, Marie. Pass auf dich auf.«

Als ich am nächsten Morgen Ellens Durchwahl im Büro wähle, meldet sich eine Empfangsdame zur Aushilfe: »Empfang der International Art Consultants. Mein Name ist Dorothee Füllschnabel. Was kann ich für Sie tun?«

»Hier ist Jürgen McBride. Ich möchte Frau Unschwer sprechen.«

»Sehr gerne. Einen Moment bitte. Wie war noch mal Ihr Name, Herr …?«

»McBride.«

»Einen Moment bitte, Herr Meggbreit.«

In der Warteschleife nudelt zwei Minuten eine Digitalversion von John Lennons »Imagine«. Dann ein Knacken in der Leitung: »Empfang der International Art Consultants. Mein Name ist Doro…«

»Füllschnabel, ich weiß! Ich möchte Frau von Unschwer sprechen. Würden Sie bitte nachschauen, ob sie im Haus ist?«

»Einen Moment bitte.« Elektro-John stiehlt mir weitere zwei Lebensminuten. »Hören Sie?«

»Ja.«

»Ich habe hier auf dem Screen keine Abwesenheitsnotiz.«

»Das heißt?«

»Frau von Unschwer ist im Hause.«

»Schön. Dann würde ich sie gerne sprechen.«

»Wie war noch mal Ihr Name?«

»McBride.«

»Ach, Sie schon wieder. Also, Frau von Unschwer spricht gerade, bleiben Sie in der Leitung.« Nach drei Besetztzeichen ist die Leitung tot.

Der Opel und ich müssen wohl noch mal persönlich raus nach Bad Homburg. Der GT hat nichts gegen ein bisschen Gassigehen auf der Autobahn. Er freut sich immer, wenn er die autounfreundliche Stadt Frankfurt für ein Weilchen hinter sich lassen darf, um sich die gesunde Luft des Vordertaunus in den Luftfilter wehen zu lassen. Vor Vorfreude tropft dem kleinen Kerl der Sprit aus dem Auspuff. Seine Außenspiegel flattern fröhlich im Fahrtwind. Bei diesem Anblick muss man sich einfach mitfreuen. Wer kein Opel-Halter ist, der kann sich nicht vorstellen, wie sich so was anfühlt. Schön machst du das, mein Lausbub! Ja fein! So was Dankbares wie einen Opel kann man beim Menschen nicht erleben. Das gibt es nur einmal, beziehungsweise, das gibt es nicht noch einmal.

Im Foyer der International Art Consultants steht Ellen über den Tisch der Empfangsdame gebeugt. Sie redet energisch auf die neue Empfangsdame ein, die mit gelangweilter Miene die Mine ihres Kugelschreibers rein- und rausknipst.

»Hallo, Ellen, hallo, Doro.«

»Ihr kennt euch?«, wundert sich Ellen.

»Klar. Doro hat früher beim Team Telekom in Mannheim gearbeitet.«

»Woher wissen Sie das denn?«, staunt Doro.

»Als Detektiv muss ich alles wissen. Hast du gerade Zeit für mich, Ellen? Es gibt was Neues zur Beuys-Zeichnung.«

»Gut, lass uns in mein Büro gehen.«

»Darf ich dir noch ein paar Fragen stellen zu dem Abend, als der Beuys gestohlen wurde?«

»Also?«

»Hast du außer Marie-Claire an diesem Abend noch jemanden im IAC gesehen?«

»Nein, niemanden.«

»Saß Marie die ganze Zeit am Empfang?«

»Marie ist im Haus unterwegs gewesen. Sie hat die Spesenabrechnungen fertig gemacht. Und die Inventur vorbereitet. Abends hat sie sich eine Pizza bestellt. Die hat sie dann irgendwo verbummelt und nachher im ganzen Haus gesucht wie eine Verrückte. Das habe ich dir schon alles erzählt.«

»In der Pizzaschachtel ist keine Pizza gewesen, sondern die Beuys-Zeichnung. Die gestohlene Zeichnung ist als Pizzalieferung getarnt zurück ins IAC gebracht worden.«

»Dann hat Marie den Diebstahl beauftragt?«

»Ja. Sie ist der Informant gewesen. Genau genommen, ist sie einen Moment lang auch die Diebin der Zeichnung gewesen.«

»Und was weiter?«

»Die Putzfrau.«

»Du meinst … sie hat beim Aufräumen …?«

»Genau.«
»Nein!«
»Doch!«
»Nein!«
»Doch!«
»Ooh!«

Ellen springt auf und läuft raus auf den Parkplatz zum Altpapiercontainer. Der Deckel ist geöffnet. Wir beugen uns über den mit Kartons und Zeitungen halb gefüllten Container. Aus dem Halbdunkel schauen uns zwei Knopfaugen an. »Herr Stussmann! Was machen Sie denn da?«

Statt zu antworten, legt der schizoide Magier sein Köpfchen schief, lässt sein Zähneklappern hören und hüpft flink wie ein Eichhörnchen aus dem Container. Er galoppiert über den Parkplatz, springt mit einem Satz in seinen Smart und düst davon. Hoffentlich ab hier wieder als Mensch und nicht als Eichhörnchen. Eichhörnchen dürfen nämlich bei uns kein Auto fahren. Nicht mal in einem Smart.

Fassungslos steht Ellen am Müllcontainer. »Woher hat der Kerl gewusst, dass er hier nach dem Beuys suchen muss? Und was sollte dieser alberne Auftritt?«

»Das mit der verlorenen Pizzaschachtel weiß er von Marie, genauer gesagt, er hat es aus ihr herausgeprügelt.«

»Lass uns den Container ausleeren. Vielleicht finden wir ja den Beuys.«

»Das ist leider schon geschehen. Gleich drei Tage nach dem Raub. Ich habe das recherchiert. Die Müllabfuhr hat den Container geleert und den Inhalt zur Papierwiederverwertungsanlage nach Mainz-Kostheim gefahren.«

»Dann lass uns zu dieser Firma fahren und die Zeichnung da suchen.«

»Das ist leider auch zu spät, Ellen.«

»Wieso?«

»Das angelieferte Altpapier wurde schon wiederverwertet. Die ganze Marge wurde durch die Papiermühle gedreht, zu Papierbrei eingedickt und dann weiter verarbeitet. Zu Recyclingtoilettenpapier.«

Ellen setzt sich auf eine Bordsteinkante des Parkplatzes. Die heiße Luft dampft in Lichtschlieren über den geteerten Boden. Der malerische Teerdampf macht Lust, selbst eine zu dampfen. Ellen zieht den Rauch der Camel ohne tief in die Lunge ein. »Was wirst du jetzt tun?«

»Ich werde mit der Polizei sprechen. Über Marie und diesen Herrn Stussmann. Marie gehört nicht zur Geschäftsleitung. Ich denke, wir haben da keine Regressforderungen zu befürchten. Das IAC ist gegen Diebstahl von Kunstwerken versichert. Was jetzt mit der Firma passiert, weiß ich noch nicht. Die ganze Beuys-Affäre ist nicht gerade eine Werbung für unser Unternehmen. Außerdem weiß ich noch nicht, ob ich das Geschäft ohne Johannes weiterführen werde.«

»Was hältst du davon, wenn wir den Abend zusammen ausklingen lassen. Ich kenne ein nettes Strandlokal am Mainufer, das ein kaltes Binding Export ausschenkt.«

»Gute Idee.« Zum ersten Mal seit Tagen lächelt Ellen wieder. »Aber vorher werde ich die neue Empfangsdame nach Hause schicken. Mit der Frau ist wirklich gar nichts anzufangen.«

Ellen streicht vor dem Einsteigen in den Opel GT über den geschwungenen Kotflügel meiner Rüsselsheimer Ausnahmeerscheinung. »Schönes Auto!« Die Beifahrertür klackt von alleine auf.

»Das hört er gern.«

Ellen gleitet in die Lederschalen des Alltagsklassikers, als ob sie dort zu Hause wäre. Gegen den Feierabendverkehr schweben wir drei die Taunushänge Richtung Frankfurt hinunter. Die tief stehende Abendsonne lässt Ellens wundervolles Haar golden erstrahlen. Der gut gelaunte Opel schnurrt mit neunzig Stundenkilometern auf der Lkw-Spur wie ein zufriedenes Kätzchen.

»So kenn ich dich ja gar nicht.«

»Was sagst du?«, fragt mich Ellen.

»Ach nichts. Ich führe Selbstgespräche.«

# NACHTRAG

Einige Tage später sitze ich mit einer Camel ohne auf dem Dach der Gummistiefelfabrik. Ich warte auf die Bundesliga-Ergebnisse im Radio. Eine Meldung in den Nachrichten lässt mich aufhorchen: »An der deutsch-polnischen Grenze ist es an dem Grenzübergang Lolek-Bolek zu einem Zwischenfall gekommen. Ein unbekannter Fußgänger hat zwei deutsche Grenzbeamte der Grenzstation niedergeschlagen, als sie dessen Ausweispapiere kontrollieren wollten. Drei Grenzbeamte auf der polnischen Seite wurden ebenfalls niedergeschlagen, als sie den illegalen Grenzübertritt verhindern wollten. Von den fünf Grenzbeamten ist bisher nur einer vernehmungsfähig. Nach dessen Aussage flüchtete der Angreifer zu Fuß in einen Wald in Richtung Osten. Der Angreifer war auffallend groß und muskulös. Die eingeleitete Fahndung nach der Zielperson gestaltet sich wegen der stürmischen Wetterlage bisher als schwierig.«

# NACHTRAG ZWEI

Samstagvormittags im Real-Supermarkt. Ich stehe vor dem Klopapierregal. Ich kann mich zwischen den vielen Sorten Toilettenpapier nicht entscheiden, als mir eine Packung mit einem Tiermotiv ins Auge sticht. »Duluda Öko forte. Die Wellnesspflege mit natürlichen Waldaromen. Fünflagig, 8 × 400 Blatt, 2.99 Euro. Im aktuellen Eichhörnchen-Dekor.«